SUSAN SWARTZ

Alt bin ich noch lange nicht!

Gewidmet im Gedenken an Linda Siegfried,
einer „wahren Tomate“

SUSAN SWARTZ

Alt bin ich noch lange nicht!

WAS FRAU AB 50 WISSEN MUSS

AUS DEM AMERIKANISCHEN VON ULRIKE LASZLO

mvg Verlag

Bibliografische Information der Deutschen Bibliothek
Die Deutsche Bibliothek verzeichnet diese Publikation in der Deutschen Nationalbibliografie; detaillierte bibliografische Daten sind im Internet über http://dnb.ddb.de abrufbar.

Titel des Originals: Juicy Tomatoes
Aus dem Amerikanischen übersetzt von Ulrike Laszlo.

Umschlaggestaltung: Atelier Seidel, Neuötting
Redaktion: Kathrin Stachora
Satz: vmi, M. Zech
Druck und Bindearbeiten: Himmer, Augsburg
Printed in Germany 06134/080401
ISBN 3-636-06134-8

Wenn Frauen versuchen, ein Problem zu bewältigen, mit einer bedeutenden Veränderung in ihrem Leben fertig werden müssen oder sich einfach nur ihrer derzeitigen Situation bewusst werden wollen und ein wenig Trost brauchen, dann wenden sie sich immer sofort an ihre Freundinnen. Dieses Buch reflektiert die Erfahrungen von dutzenden Frauen aus verschiedenen Familienverhältnissen, deren Erzählungen während der letzten Studie sehr interessante Einsichten wiedergeben. Sie erheben kraftvoll ihre Stimme und geben uns damit zu verstehen – manchmal witzig, manchmal schmerzlich, aber immer ehrlich –, dass wir nicht allein sind. Sie stehen uns mit ihrem Erfahrungsschatz zur Seite und zeigen uns, wie wir wieder die Frauen werden können, die wir sein wollen.

Inhalt

Danksagung

Ich möchte den vielen Frauen danken, die mich zum Lachen und Nachdenken bringen. Dazu gehören meine Schwester und meine Mutter, die mich den Humor von Frey gelehrt hat, meine unvergleichlichen Töchter, die mich zur Aufrichtigkeit anhalten und mir sagen, wann ich mir die Haare schneiden lassen muss. Natürlich danke ich auch der Schriftstellergruppe, der Buchgruppe, der Priscilla-Gruppe, der Gualala-Gruppe und der Inverness-Gruppe. Für immer dankbar bin ich meinen alten Freundinnen, die mich an ihren besten Ideen teilhaben lassen, und meinen neuen Freundinnen in diesem Buch, die mir ihre Gastfreundschaft und ihr Vertrauen geschenkt haben.

Besonders möchte ich mich bei meiner Kollegin Eileen Clegg bedanken, die mich zu New Harbinger gebracht und mich den tüchtigen „bissfesten Tomaten“ vorgestellt hat, zu denen auch die kluge Lektorin Angela Watrous gehört.

Und natürlich danke ich meinem Großen.

Einleitung

Denken Sie an eine saftige Tomate. Daran, wie sie sich anfühlt und wie sie riecht, an die zarte Haut – einfach köstlich. Perfekt ausgereift. Früher war „Tomate“ ein beliebter Slangausdruck für eine Frau. In alten Gangsterfilmen hieß es oft: „Was tut eine Tomate wie du mit diesen Kerlen?“ Normalerweise protestiere ich, wenn Frauen mit leblosen Objekten verglichen werden, aber der Vergleich mit einer Tomate, einer Frucht, sozusagen einem großen, Samen tragenden Fruchtknoten, gefällt mir.

Die ausgereifte Tomate ist nicht jung, rosafarben und fest. Sie hing eine Weile am Strauch, wurde von vielen Sonnenstrahlen geküsst und von vielen Regenschauern übergossen. Wird dieses erfahrene Wesen mit Respekt behandelt, so kann es sich jedoch noch lange halten.

Dies ist allerdings kein Kochbuch, sondern ein Buch über Frauen, die ihre Reife ab 50 in vollen Zügen genießen. Chronologisch gesehen sind sie mittleren Alters. Wichtiger ist jedoch, dass sie sich in der Mitte ihres Lebens befinden – und damit mittendrin.

Üblicherweise bezeichnet man das Alter zwischen 45 und 65 als das mittlere Alter. Viele von uns fühlen sich mit 45 noch lange nicht so weit, doch mit 50 erwischt es uns dann. Vor etwa acht Jahren stellten einige meiner Freundinnen und ich erstaunt fest, dass wir nicht mehr jung sind, sondern einen neuen Lebensabschnitt erreicht haben. Seitdem habe ich eine Vorliebe dafür entwickelt, Frauen zu beobachten, die älter werden, ohne ihre Leidenschaftlichkeit und ihren Elan zu verlieren.

Dass sich das Bewusstsein, älter geworden zu sein, ganz plötzlich einschleicht, spricht für die in unserem Kulturkreis weit verbreitete Verleugnungstaktik. Wir müssten allerdings in einer Welt ohne Werbespots für Kosmetikartikel, ohne Geburtstagskarten mit der Aufschrift „Die besten Jahre sind vorbei“ und ohne Spiegel leben, um nicht zu sehen, dass Jugend vergänglich ist.

Ich wollte ein Buch schreiben, das Frauen an Tagen in die Hand nehmen und lesen können, an denen sie morgens ihre Augen öffnen und sich denken: „Mist, 50!“ Ich habe persönliches Interesse daran, das Beste aus dem mittleren Alter herauszuholen, daher ist *Alt bin ich noch lange nicht!* ein Buch, in dem ich mich bemüht habe, zu schreiben, was man dazu wissen muss. Denke ich ans Älterwerden, dann erschreckt mich dabei nicht eine bestimmte Zahl, sondern das, was damit verbunden ist. Ich will nicht wegen meines Alters abgestempelt werden, aber, wie wir wissen, passiert das. Altersdiskriminierung findet sowohl von innen als auch von außen statt. Um dagegen anzukämpfen, brauchen wir Vorbilder, Freundinnen und andere Gleichaltrige, die uns eine neue Richtung aufzeigen, uns Zuversicht und Mitgefühl vermitteln – und uns, wenn nötig, sagen: „Reiß dich zusammen!"

Die Frauen in diesem Buch verheimlichen ihr Alter nicht. (Nur eine antwortete auf meine Frage nach ihrem Alter: „Ich bin 48, aber das ist eine Lüge.") Mit dem, was sie tun und wie sie denken, sagen sie althergebrachten Vorstellungen den Kampf an. Sie gehen mit dem Älterwerden auf ihre eigene Art und Weise um. Für ihren Körper nehmen sie Hormone oder Kräuter, unterziehen sich Schönheitsoperationen oder verzichten auf jegliche Bemühungen. Die eigentliche Neuausrichtung liegt jedoch in der Veränderung der mentalen und emotionalen Einstellung zum Älterwerden. Dabei sind manchmal verschiedene Hilfsmittel nötig, die von Antidepressiva bis zu einer kräftigen Standpauke reichen. Diese Frauen sind keine blinden Optimisten. Sie ignorieren die Veränderungen nicht, die das Alter mit sich bringt, sondern sie setzen sich gegen den kulturellen Glauben zur Wehr, dass Älterwerden in gewisser Weise mit Versagen gleichzusetzen ist.

Wir sind zahlenmäßig in der Lage und ausreichend motiviert, das Bild von 50-Jährigen zu verändern. In den späten 1990er-Jahren begannen die Babyboomer 50 zu werden – alle 7,5 Sekunden einer. Eine Volkszählung in den USA ergab, dass die Zahl der über 50-Jährigen in der Bevölkerung bis zum Jahr 2010 um weitere 30 Prozent anwachsen wird, während die Gruppe der 20- bis 49-Jährigen in etwa gleich bleiben wird.

Die Generation, die niemals etwas in Ruhe oder allein erlebt hat (und von ihrem außergewöhnlichen Einfluss beim Aufstellen von

Regeln überzeugt ist), arbeitet schnell, hart und manchmal ein wenig egoistisch an einer Neugestaltung des mittleren Alters.

Dieses Buch geht über die Babyboomer hinaus bis zu denen, die die 50 schon lange überschritten haben, und denjenigen, die – früher oder später – daran erinnert werden müssen, dass jedes Lebensalter wertvoll ist. Abby erklärt ihrer Klimakterium-Gruppe: „Wenn wir uns gegen unser wahres Alter sträuben, betrügen wir uns selbst um dieses Kapitel und das nächste."

Wie viele Frauen können sich mit der Schauspielerin Barbara Hershey identifizieren, die sich bei einem Reporter über die dürftige Darstellung von Frauen mittleren Alters in den Medien beschwerte, dann aber darauf bestand, dass ihr Alter in diesem Artikel nicht abgedruckt werden durfte? Kommt schon, hebt eure Hände! Na gut, dann rollt mit den Augen. Ich werde mutig sein und den Anfang machen. Eigentlich bin ich kein Boomer. Normalerweise bezeichnet man damit die Leute, die zwischen 1945 und 1960 zur Welt kamen. Ich wurde 1943 geboren, also bin ich eher ein Sh-Boomer. (Manche erinnern sich sicher noch an den großartigen Doo-Wop-Song von den Crew Cuts.) Wenn ich mich wegen meines Alters angegriffen fühle, weise ich darauf hin, dass ich darüber keine Kontrolle habe. Es war die Entscheidung meiner Eltern, wann sie mich haben wollten – ich hatte damit nichts zu tun. Trotzdem habe ich manchmal das Gefühl, ich müsse mich dafür entschuldigen, nicht jünger zu sein.

Wie schon eine Frau in dem Buch *Goodbye Good Girl* sagt: „Wir Frauen glauben, etwas Böses angestellt zu haben, weil wir älter geworden sind."

Ein Abschnitt über das Älterwerden in dem Buch *Goodbye Good Girl*, das ich in Zusammenarbeit mit Eileen Clegg verfasst habe, trägt die Überschrift „Wenn das süße junge Ding reift". Älterwerden fällt in unserem Buch unter die Beschreibung des *Good Girl Syndrome*, weil sich das brave Mädchen schuldig fühlt, wenn es etwas Unpopuläres tut – und Altern ist eindeutig unbeliebt.

Wenn wir 50 werden, möchten wir all diese negativen Einstellungen zum mittleren Alter verändern, aber das gelingt uns nicht, indem wir nur protestieren, dass sie unfair seien. Wir brauchen überzeugende Beispiele, dass älter zu werden in Ordnung ist, etwas, womit wir umgehen können, etwas, worauf wir uns sogar freuen können.

Anti-Aging ist keine Lösung. Heutzutage gibt es Mittel und Wege, dem Alter zu trotzen, wie uns Werbespots über Kosmetikartikel vorbeten, aber Feuchtigkeitscremes können eben nur das tun, was ihr Name schon sagt. Einige Frauen unterziehen sich kosmetischen Operationen, weil sich die Falten irgendwann nicht mehr glätten lassen. Wenn wir es akzeptieren, älter zu werden, dann können wir unsere Reife genießen. Wir müssen nicht mehr sagen: „Ich will noch nicht erwachsen werden." Das mag sich bei jemandem, der auf die 30 zugeht, mädchenhaft anhören, klingt aber bei 50-Jährigen lächerlich.

Ich habe einmal eine Therapeutin interviewt, die mir erklärte, die Gesellschaft sehe in einer Frau mittleren Alters lediglich eine Mutter, die zuhört. Nun, das ist ja recht nett, aber was ist mit einer Frau mittleren Alters, die ihre erste Kurzgeschichte schreibt, für ein Amt kandidiert oder sich auf den Weg nach Baja macht, weil sie da schon immer einmal hin wollte? Und was, wenn sie dabei auch noch mit Hitzewallungen, sterbenden Eltern und seltsamen Hautveränderungen fertig werden muss?

Älterwerden bedeutet mehr als Wechseljahre und die erste Kreuzfahrt. Es heißt, stimmgewaltiger und stärker zu werden und zu wissen, wer man ist. Neugier und Experimentierfreudigkeit hören nie auf, auch nicht, wenn es darum geht, mit Tai Chi zu beginnen oder nach Hawaii zu fahren, weil man dort länger surfen kann.

Es ist einfacher, im mittleren Alter zu sein, wenn all deine Bekannten das wissen. Und noch besser, wenn sie stilvoll und humorvoll damit umgehen. Das erspart uns allerdings nicht einige der tatsächlich vorhandenen, qualvollen Begleiterscheinungen, einschließlich der starken Stimmungsschwankungen während der Menopause, gegen die PMS lediglich ein kleiner Vorgeschmack ist.

Es gibt Dinge, mit denen wir alle fertig werden müssen. In jedem Jahrzehnt kommen Millionen Frauen in den Wechsel, und die Fachärzte wissen immer noch nicht, welche Ratschläge sie uns geben sollen. Es gibt noch weitere *Tatsachen*, die sich im mittleren Alter ergeben. Wenn du es bisher hinausgeschoben hast, Kinder zu bekommen, musst du dich jetzt entweder beeilen oder auf medizinische Hilfe hoffen. Wenn du deine Kinder in deinen Zwanzigern auf die Welt gebracht hast, verlassen sie dich jetzt, um ihr eigenes Leben zu beginnen. Eine Menge Leute, wie dein Zahnarzt und vielleicht sogar dein Boss, sind jünger als du und sind dir übergeordnet. Eltern werden pflegebedürftig und sterben. Es ist nicht leicht, mit 55 Waise und gleichzeitig Matriarchin zu werden. Auch Gleichaltrige sterben. Im mittleren Alter springst du nicht mehr so schnell aus dem Bett wie früher – oder hinein, wenn wir schon dabei sind. Und auch wenn man noch Auswahlmöglichkeiten in der Lebensplanung hat, sind es möglicherweise nicht mehr so viele wie früher.

Wenn Sie eine reife Tomate sind oder vielleicht sogar schon eine an der Sonne getrocknete, finden Sie hier sicher einige Freundinnen und Vorbilder. Diese Frauen haben lustige und auch traurige Erlebnisse. Sie machen weder Scherze über Hängebrüste noch leugnen sie, dass sie jetzt Dinge erleben, die kennzeichnend für die Älteren sind. Viele rauften sich die Haare, als sie die Grenze zum mittleren Alter überschreiten mussten. Einige werden Ihnen berichten, dass es schlimmer war, 40 zu werden als 50, und dass sie bei dem Gedanken an ihren 60. Geburtstag Magenschmerzen bekommen. Aber trösten Sie sich – in diesem Buch kommt auch eine 94-jährige Frau vor, die erklärt: „Dies ist bisher der beste Teil meines Lebens."

Sehr viele Frauen, die ich beim Schreiben dieses Buchs kennen lernte, versetzten mich in Hochstimmung. Ich verließ ihre Wohnzimmer und dachte: „Was für ein großartiger Klub, dem ich hier beitrete." Ihre Geschichten und Ansichten zeigen mehr, als ich über Mut, Charme und Ausstrahlung berichten könnte. Eine große Bandbreite von Frauen, die aus verschiedenen Regionen des Landes und unterschiedlichen Kulturkreisen stammen und deren Lebensarten sich voneinander unterscheiden, entschuldigen sich nicht für ihr Alter. Ich nenne sie beim Vornamen, weil das freundlicher klingt. Vor allem wollte ich jedoch, dass in diesem Buch über alles so frei wie möglich gesprochen wird, angefangen von sexuellem Verlangen bis hin zu den Sorgen, als Pennerin zu enden – und dafür muss eine gewisse Anonymität gewährleistet sein.

Wie auch in den anderen Büchern der *Women-Talk-About*-Reihe unterhalten wir uns in diesem Buch in einem Stil, der unter Freundinnen üblich ist. Wir tauschen uns aus, geben uns Ratschläge und machen einiges miteinander durch. Eines Morgens hörte ich im Radio, wie eine Frau dazu aufrief, sich einer Gruppe alter Frauen anzuschließen. In meiner Aerobic-Stunde bat uns unsere Trainerin um Tipps für ihren 45. Geburtstag. Sollte sie sich ihr Haar knallgelb färben oder sich ein Nabel-Piercing machen lassen?

Eine 50-jährige Frau kann davon ausgehen, nach der Menopause noch ein Drittel ihres Lebens vor sich zu haben. Dieses Geschenk wollen wir uns nicht versagen, indem wir unser Alter bedauern und uns dafür entschuldigen. Nicht, wenn wir leidenschaftlich, abenteuerlustig, lebhaft und sexy sein können. Nicht, wenn es uns endlich gelingt, unsere Höhenangst zu besiegen. Wir müssen nur ehrlich sein und unsere Stimme erheben. Wenn so viele Frauen intelligent und lachend mit dem Wechsel umgehen, dann ist eine Veränderung in der Gesellschaft das Mindeste, was geschehen kann.

Begleiten Sie mich nun in die Welt der Knochenscans und gerade noch geschafften Schwangerschaften, der Hitzewallungen und heißen Dates. Und vergessen Sie nicht, nach Italien auszubüxen – oder gehen Sie auf Ihre Terrasse und schauen Sie nach, was auf der Straße auf Sie zukommt.

1

Was ist das mittlere Alter eigentlich?

Für mich kam die Stunde der Wahrheit, als ich meinem zweiten Ehemann ein Foto von mir zeigte, das mein erster Mann von mir aufgenommen hatte, und er mich fragte: „Wer ist das?“

Diane

Mir tun Körperteile weh, von denen ich gar nicht wusste, dass ich sie habe. Hinter mir liegen mehr Jahre als vor mir – außer ich werde 112.

Jan

Ich will nicht eines Tages 70 werden und feststellen, dass ich 20 Jahre verloren habe, weil ich mich schlecht fühlte. Das würde mich richtig wütend auf mich selbst machen.

Marilyn

Wenn man in seiner Jugend nicht in der Gegenbewegung war, regt man sich vielleicht nicht so sehr über das Älterwerden auf, aber wir haben eine so große Sache daraus gemacht, jung zu sein. Ich wünschte, wir schrieben das Jahr 1968 und ich wäre 20.

Mary

Das liegt im Auge des Betrachters

Mit 50 ist man eindeutig im mittleren Alter. Laut Lexikon liegt das mittlere Alter zwischen Jugend und Alter und wird im Allgemeinen zwischen 45 und 65 angesiedelt. Für einige beginnt das mittlere Alter mit 40, für andere zieht es sich bis 70 hin. Um 45 beginnst du zu denken, dass auch du inzwischen im mittleren Alter sein könntest. Oft gestehen wir uns allerdings erst an unserem 50. Geburtstag ein, dass – chronologisch gesehen – die Jugend endgültig vorbei ist.

Lucy, die mit 45 ein Baby bekam, sagt: „Ich denke, das mittlere Alter liegt zwischen Mitte 40 und Mitte 60, aber ich glaube auch, dass es einen Unterschied macht, in welchem Alter ich mich gerade befinde. Wahrscheinlich würde ich in jedem Lebensjahrzehnt eine andere Antwort auf diese Frage geben."

Auch wenn man noch wie ein Jugendlicher mit Rollerblades durch die Gegend kurvt, ist man mit 50 chronologisch gesehen nicht mehr jung. Keine Chance. Aber man ist auch nicht alt. Es ist die Mitte des Lebens. Du befindest dich nicht mehr am Fuße des Hügels, hast ihn aber auch noch nicht überschritten; du bist oben angelangt oder hast zumindest eine Höhe erreicht, von der aus du noch andere Hügel sehen kannst.

In der Geschichte der Frauenwelt ist dies eine großartige Zeit für das mittlere Alter, weil es so viele von uns gibt. Mary, eine Anwältin, findet Trost, wenn sie sich in einer Gruppe von Frauen befindet, die sich alle mit den gleichen Themen beschäftigen. „Ich gehe gern zu Konferenzen, bei denen die Rednerinnen alle etwa in meinem Alter sind. Sie setzen ständig ihre Brille ab und wieder auf und halten in der Mitte eines Satzes inne, um zu fragen: ‚Wo bin ich stehen geblieben?'"

Wir sind eine sehr große, stimmgewaltige und streitlustige Gruppe. Laut des U.-S.-Bundesbüros für Volkszählungen stellen Frauen mittleren Alters das am schnellsten anwachsende Segment der Bevölkerung dar. Alle stellen Untersuchungen über uns an. Sie wollen alles über unser Sexleben wissen. Wir sollen ihre Getreideflocken kaufen und in ihre Wellness-Center gehen. Endlich zollt man uns Aufmerksamkeit. Zu Beginn des 21. Jahrhunderts waren etwa 30 Prozent aller erwachsenen amerikanischen Frauen 50 oder älter. Eine Menge Leute denken heute bereits wehmütig an ihren 40. Geburtstag.

Auch Imageberater finden jetzt ermutigende Worte über das mittlere Alter. 50 ist nicht mehr das, was es einmal war, erklären sie uns. Immerhin hatten vor einem Jahrhundert viele 50-Jährige keine Zähne mehr – und sie waren praktisch schon tot. Zu Beginn des 20. Jahrhunderts lag die Lebenserwartung amerikanischer Frauen bei 51 Jahren. Doch selbst damals wussten es einige Frauen schon besser. Laut Kathleen Barrys Biografie schrieb Elizabeth Cady Stanton an Susan B. Anthony, um sie aufzufordern, den Kampf für das Frauenwahlrecht weiterzuführen: „Erst mit 50 sind wir in den besten Jahren. Und dann haben wir noch mindestens 20 gute Jahre vor uns." Barry merkt an, dass die beiden, zusammengenommen, tatsächlich noch 40 Jahre lebten.

Zu Beginn des 21. Jahrhunderts haben amerikanische Frauen laut Volkszählungen eine Lebenserwartung von 79 Jahren. Selbst für die stets Zögernden, die bisher die Meilensteine in ihrem Alter am liebsten so weit wie möglich hinausgeschoben hätten, gibt es Hoffnung. Ältere Menschen fühlen sich 15 Jahre jünger, als sie tatsächlich sind, sagen Forscher. Faith Popcorn, die über zukünftige Trends schreibt, spricht in ihrem Buch *„Clicking" – Der neue Popcorn-Report* von dem so genannten Down Aging in Amerika. Mit 60 fühlt man sich wie 45 und mit 50 wie 35. Laut dem Magazin *Health* betrachten die Frauen im Durchschnitt 45 als das Ende ihrer Jugend. Kate meint, das sei alles relativ:

> *Nachdem ich 50 geworden war, machte mir der Ausdruck „mittleres Alter" plötzlich nichts mehr aus. Eigentlich will ich jetzt für immer im mittleren Alter bleiben, denn „alt" ist mit viel schlimmeren Klischees behaftet.*

Sollten Boomer etwas zu sagen haben, wenn sie auf die 65 zugehen, werden sie das mittlere Alter auf 70 hinaufsetzen und es das „obere mittlere Alter“ nennen. Es ist ohnehin an der Zeit, Zahlen neu zu überdenken. Vor mehr als einem Jahrhundert legte Otto von Bismarck in Deutschland im Alter von 65 den Grundstein für Europas ersten Pensionsplan, und das war in den 1880ern, als die Lebenserwartung bei 45 Jahren lag – 65 war also mehr als alt.

Unsere erhöhte Lebenserwartung wird mit Sicherheit den Begriff des mittleren Alters verändern. Einige Optimisten wie Ken Dycthwald, Autor von *Age Wave*, sagen vorher, dass sich das späte Erwachsenenalter schon bald von 60 auf 75 verschieben und das hohe Alter erst mit 80 oder 85 beginnen wird.

Bis dahin haben wir es jedoch immer noch mit den traditionellen Zahlen zu tun. Um sich für Medicare, das Gesundheits-Fürsorgeprogramm des Staates, anmelden zu können, muss man 65 sein. Bei einigen Unternehmen reichen 55 Jahre für eine Frühpensionierung aus. Und um sich gegen Altersdiskriminierung zu schützen, muss man nur 40 sein. Unabhängig davon, wo dieser Zeitraum offiziell beginnt oder endet, bereitet es uns Schwierigkeiten, eine Frau mittleren Alters zu werden. Für viele von uns ist es ein Schock, der uns zutiefst erschüttert; es ist etwas, das wir am liebsten so lange wie möglich hinausgezögert hätten.

Andererseits genießt Leigh die unterschiedlichen Reaktionen der Leute, die ihr Alter nicht einschätzen können:

> *Als ich 59 geworden war, versuchte ich es mit Parasailing. Es war herrlich. Ich bin jetzt in einem Alter, in dem man von mir erwartet, dass ich mich zurückziehe, aber ich habe festgestellt, dass mir die Höhe liegt. Wie ich einmal gelesen habe, ist es ein Zeichen von übersteigertem Ego und dem Streben nach Macht, wenn man sich gern an höher gelegenen Orten aufhält. Außerdem freue ich mich auch darüber, dass man wegen meiner grauen Haare hin und wieder ein Auge zudrückt, wenn ich zu schnell fahre.*

Wir werden mehr denn je dazu ermutigt, das mittlere Alter als positive Erfahrung anzusehen, aber Robin sagt, dass ihr trotzdem manchmal nachts eine innere Stimme zuflüstert:

> *Du bist nicht mehr so heiß wie früher. Niemand wird dich jemals wieder begehren. Du wirst nie wieder als jung angesehen werden.*

Das liegt an unserer eigenen Altersdiskriminierung, die tief in uns sitzt. Frauen fühlen sich, viel mehr als Männer, eingeengt von bestimmten Erwartungen und Klischeevorstellungen, die mit den jeweiligen Altersstufen einhergehen, und das hat viel mit den Klischees zu tun, die auf traditionellem Denken und hartnäckigem Sexismus beruhen. Vor langer Zeit hatte eine Frau nur einen Wert im Leben: Kinder und Familie waren ihr Lebenszweck und ihr Aufgabenbereich. Mit ihrem Körper konnte sie sich einen Mann angeln und mit ihm Kinder in die Welt setzen, aber was hatte sie außerhalb ihres Heims anzubieten, wenn ihr jugendliches Aussehen verschwunden war? Es spielte keine Rolle, dass ihr Verstand und ihr Körper weiterhin funktionierten, nachdem ihre Eierstöcke nicht mehr arbeiteten. Pfui, sagen wir dazu.

Sie reden über uns

In einem Bericht der MacArthur Foundation über das mittlere Alter, der Ende der 1990er-Jahre erstellt wurde, erfahren wir, dass wir das Älterwerden viel besser verkraften, als wir dachten, und dass das mittlere Alter für die meisten Amerikaner ein von Ruhe geprägter Zeitraum ist. Offensichtlich haben wir ein wesentlich stärkeres Gespür für physisches, emotionales und mentales Wohlbefinden, als irgendjemand vorhergesehen hat.

Betty Friedan schrieb in *Mythos Alter*, die psychische Verfassung von Frauen in den Fünfzigern sei ebenso gut oder sogar besser als von Frauen in den Zwanzigern und Dreißigern. Sie ruft Frauen dazu auf, sich von dem Gedanken zu verabschieden, dass es irgendeinen Schlusspunkt geben könnte – sei es die Menopause oder sonstiges. Bei einer Signierstunde für ihre Biografie *Life So Far* fragte ich sie, welchen Einfluss Feministinnen auf den Alterungsprozess hätten. Sie antwortete mir: „Wir formen ihn um. Früher glaubte man, Frauen ab einem bestimmten Alter würden lähmend und bremsend auf die Gesellschaft wirken. Aber die Frauen von heute, die von dieser turbulenten Ära (der Frauenemanzipations-Bewegung) geprägt wurden, werden sich nicht einfach leise zurückziehen. Im nächsten Jahrzehnt werden wir ein völlig neues Bild vom Alter schaffen." Viele Frauen erklären, dass Sex mit 50 so befriedigend sei wie nie zuvor, so Linda Ojeda in ihrem Buch *Wechseljahre – der andere Weg*. Vergleichen Sie das mit der bisher vorherrschend gewesenen Meinung, dass Frauen automatisch mit der Menopause zu asexuellen Wesen werden ...

Trotzdem macht uns das nicht jung. Wir haben uns verändert. Dafür gibt es deutliche Anzeichen – die ersten sind physischer Natur, und wir sind nicht die Einzigen, die sie wahrnehmen. Im mittleren Alter werden wir wahrscheinlich nicht mehr nach unserem Ausweis gefragt, wenn wir Scotch kaufen wollen. Es gibt natürlich einige wenige Ausnahmen wie Jane, die die gute Figur ihrer Mutter geerbt und nur ein paar graue Haare hat. Sie musste sich mit 49 Jahren in einer Bar in Key West ausweisen. Ihre langjährigen Freunde behaupten, das läge daran, dass sie nie ohne Hut aus dem Haus gegangen sei, selbst als sie in ihren Zwanzigern am Strand wohnte. Jane saß den ganzen Nachmittag im Sand und war so vermummt, dass sie aussah wie das Kindermädchen der anderen. Und jetzt kann sie ihren Triumph auskosten.

Nach dem 48. Geburtstag kommt eine Einladung zur Mitgliedschaft bei AARP (der größten Seniorenvereinigung in den Vereinigten Staaten) ins Haus geflattert wie ein lange Zeit ignorierter Strafzettel für Falschparken, den man verdrängt und der sich nun vervierfacht hat. Das muss ein Fehler sein, denkst du entrüstet und zerreißt ihn in kleine Fetzen. Du kannst sie immer wieder vernichten, wenn sie bei dir landen, und dir sagen, du würdest lieber den vollen Preis in einem Motel zahlen, als irgendeinem Angestellten an der Rezeption deine AARP-Seniorkarte vorzulegen, um einen Nachlass zu bekommen. Aber dies ist nur die erste Erinnerung von vielen, dass du eine Grenze überschritten hast. Man denke nur an all die anderen Computerprogramme, bei denen das Geburtsdatum gespeichert ist. Und dann informiert dich die Sozialversicherung in einem Brief, wie viel Rente du nach deiner Pensionierung erwarten kannst. Dann sind da noch die persönlichen Momente. Marylu bemerkte, dass eine Gruppe junger Männer sie anstarrte:

> *Zuerst befürchtete ich, sie hätten vor, mich auszurauben. Dann rief einer von ihnen: „Für dein Alter siehst du nicht schlecht aus." Ich war damals 48. Obwohl ich ein wenig gekränkt war, antwortete ich: „Danke. Das stimmt wohl."*

Es gibt auch Dinge, die nur du selbst bemerkst. Sara erzählt davon, wie sie ein Bild aus dem diesjährigen Urlaub mit einem Foto verglich, das fünf Jahre zuvor aufgenommen worden war und das ihr nicht gefiel, weil ihr Haar nicht geschnitten war. Und sie sah den Unterschied:

> *Es ist nicht schlimm, aber alles verändert sich und wird nicht mehr so wie zuvor. Wahrscheinlich sehe ich jetzt so jung aus wie nie mehr wieder. Irgendjemand sagte mir, ich erinnere ihn an Gloria Steinem, und ich fühlte mich natürlich geschmeichelt, weil diese Frau großartig aussieht. Später konnte ich jedoch nur noch daran denken, dass Gloria 14 Jahre älter ist als ich.*

Das sollte uns nicht stören. Wir sind Feministinnen, die jahrelang dagegen gekämpft haben, dass Frauen nur nach ihrem Äußeren beurteilt werden. Dennoch sind wir manchmal verunsichert. Rachel beklagt sich: „Mit einem Mal vereinbare ich Termine für Fußpflege und Augenkosmetik, und ich stelle fest, dass in der Vorschule meiner Kinder alle anderen Eltern viel jünger sind als ich." Diane berichtet:

Für mich kam die Stunde der Wahrheit, als ich meinem zweiten Ehemann ein Foto von mir zeigte, das mein erster Mann von mir aufgenommen hatte, und er mich fragte: ‚Wer ist das?‘

Nach der Lektüre einer Geschichte von Colette, in der die Frau mittleren Alters eine Bemerkung über ihre dicker gewordenen Handgelenke macht, seufzt Maureen:

Ich habe auf mein Kinn, die Oberarme, den Busen und den Po geachtet, aber ich wusste nicht, dass ich mir auch um meine Handgelenke Sorgen machen muss.

Früher sind wir nach Hause gekommen, haben uns ausgezogen und sind in Dessous herumgelaufen, heute reißen wir uns erleichtert die Unterwäsche herunter, sobald es geht. „Schon auf der Heimfahrt trage ich keinen BH mehr", erzählt Gretchen.

Vielleicht fängst du an, deine eigenen Regeln zu brechen, und trägst auf Reisen sogar in der Businessclass eine Jogginghose und Turnschuhe. Du versuchst fanatisch, eine Exzentrikerin zu werden. Du bemerkst, dass deine Freundinnen ständig mit der Pflege ihrer Füße beschäftigt sind und das Wort „Orthesen" verwenden. Nicht nur deine Hände sehen aus wie die deiner Mutter, sondern auch dein Hals.

Möglicherweise bist du endlich mit deinen kleinen Brüsten zufrieden, weil sie niemals aussehen werden wie die von Queen Mum und die deiner vollbusigen Freundinnen. Und dann stellst du fest, dass deine Brüste größer und schwerer geworden sind. Dein Augenarzt schlägt dir eine Zweistärkenbrille vor; du hältst das für einen Scherz, obwohl es schon lange her ist, seitdem du beides lesen konntest: ein Preisschild und ein Ausfahrtschild.

Du machst dich über Hitzewallungen lustig und denkst darüber nach, ob du in die Wechseljahre kommst oder dir Malaria eingefangen hast. Dein Arzt erklärt dir, dass bei dir jetzt die Menopause beginnt, und du stellst fest, dass du irgendwie gehofft hast, Malaria zu haben.

Rachel will von jeder neuen Erfolgsautorin oder Anwärterin auf den Pulitzerpreis immer zuerst ihr Alter wissen. „Ich muss wissen, wie viel Zeit ich noch habe.“ Sie beschäftigt sich oft damit, die verschiedenen Altersstufen zu vergleichen:

> *Ich sehe mir die Frauen im Umkleideraum des Fitnesscenters ebenso gründlich an, wie ich es damals in der Junior High School getan habe. Dabei geht es mir nicht um Konkurrenz, sondern um Bestätigung. Manchmal frage ich mich allerdings, ob mich die jüngeren Frauen anstarren und sich dabei überlegen: „Meine Güte! Wann fängt das wohl an?“*

Du beginnst Diskussionen mit deinen Freundinnen über Schönheitsoperationen, obwohl du überzeugt bist, dass du dich wahrscheinlich nie unters Messer legen wirst. Penelope lernte auf einer Party einen Schönheitschirurgen kennen. „Er erklärte mir, er könne die Falte zwischen meinen Augen beseitigen. Und ich hatte diese Falte noch nicht einmal bemerkt.“

Du fängst an, für Namensschilder dankbar zu sein, und wünschst dir, dass sie auf allen größeren Versammlungen Pflicht wären. Du achtest darauf, regelmäßig Gymnastik zu machen, und du weißt auch, warum. Dein Haar wird dünner – überall. Und du bist dir deiner Oberarme genau bewusst.

Mehr als nur körperliche Unterschiede

Einige Veränderungen sind viel weiter reichend. Und sogar willkommen. Endlich kannst du Stunden im Tangotanzen oder in italienischer Konversation nehmen, ohne zu befürchten, dich dabei zu blamieren. Du wünschst dir zum 50. Geburtstag ein Skateboard und bekommst es auch. Beim Sex fühlst du dich weniger gehemmt als je zuvor. Du nimmst mit deinen Sinnen sogar alles wesentlich stärker wahr – vom Morgenlicht bis zur Wölbung des Wadenmuskels deines

Partners. Es fällt dir leichter, dich zu entschuldigen, aber du lässt dir auch nicht mehr so viel gefallen. Jane berichtet:

„Eine Arbeitskollegin hat mich ständig behandelt wie den letzten Dreck, auch wenn ich noch so nett zu ihr war. Jetzt ist diese Zicke für mich gestorben."

Du fühlst dich nicht mehr so unsicher und hast nicht mehr das Gefühl, ständig beobachtet zu werden. Jetzt kannst du dich allein in ein Restaurant oder sogar in eine Bar setzen, ohne so zu tun, als wartest du auf jemanden. Sedonia beschreibt dieses Gefühl neu entdeckter Freiheit:

„Ich fühle mich freier, kann ich selbst sein und sagen, was ich sagen möchte. Ich lege nicht mehr so großen Wert darauf, was die Leute über mich denken. Irgendetwas in meinem Inneren hat sich verändert."

Adina sagt, sie nehme sich selbst nicht mehr so wichtig wie in jungen Jahren:

Ich bin nicht mehr ständig in mein eigenes kleines Drama vertieft. Ich fühle mich ruhig – nicht auf eine schläfrige, sondern auf eine friedvolle Art und Weise. Der Umgang mit anderen Menschen macht mir mehr Spaß als früher. Ich freue mich, wenn ich etwas von ihnen lernen kann. Früher habe ich mich so verhalten, dass ich akzeptiert und gemocht wurde, und habe mich dadurch selbst eingeengt. Das ist jetzt vorbei.

Kate erzählt, sie sei eine bessere Stiefmutter geworden:

Mit zunehmendem Alter werde ich toleranter und kann auch Menschen akzeptieren, von denen ich früher glaubte, sie seien nur auf der Welt, um mich zu quälen. Ich mache auch gern Komplimente, denn ich habe gelernt, wie sehr wir Lob und

Ermutigung von anderen brauchen – im Beruf oder bei der Kindererziehung. Es kostet nichts, jemandem zu sagen, dass er seine Sache gut macht.

Diana sagt, sie lasse die „neue Frau in ihr" richtig Gas geben:

Ich bin unverschämt. Ich lache laut und weine, wenn mir danach zumute ist.

Jan denkt über die guten und schlechten Seiten des Älterwerdens nach:

Ich fühle mich wohl in meiner Haut, aber ich mache mir Sorgen um meine Gesundheit. Ist mein Herz in Ordnung? Wie steht's mit meinem Blutzuckerspiegel? Cholesterin? Ich kaue an meinen Nägeln, während ich auf die Ergebnisse des Pap-Tests und des Mammogramms warte. Reiten ist nicht mehr so einfach – es fällt mir schwerer, mein Pferd zu satteln und jeden Tag den Stall auszumisten. Mir tun Körperteile weh, von denen ich gar nicht wusste, dass ich sie habe. Hinter mir liegen mehr Jahre als vor mir – außer ich werde 112.

In der Mitte unseres Lebens werden wir deutlich darauf hingewiesen, dass wir wahrscheinlich nicht 112 Jahre alt werden.

Als Sukie erfuhr, dass sie an einer Nierenerkrankung litt, und einer Transplantation unterziehen musste, beschrieb sie ihre erste Konfrontation mit einer lebensbedrohlichen Situation als „eine Art inneren Tod". „Es war der Tod der Arglosigkeit, mit der ich bisher persönliche gesundheitliche Schicksale betrachtet hatte."

Nach dem 50. Geburtstag erwacht das dringende Verlangen, uns neu zu orientieren oder einige Dinge zu verändern. Mary erzählt, dass sie immer glauben wollte, sich ihr ganzes Leben lang nur auf einer Kostümprobe zu befinden.

Jetzt weiß ich, dass das nicht stimmt. Es beunruhigt mich, dass einige Dinge nie richtig geklärt wurden – wie zum Beispiel, was ich hatte werden wollen, wenn ich erwachsen sein würde, ob ich versuchen sollte, meine Ehe zu verbessern, oder ob ich jemals meine kreative Seite entdecken würde. Und meine Möbel gefallen mir immer noch nicht.

Mit 50 haben wir gelernt, uns an unsere Altersgenossen zu wenden, wenn wir Trost und Rat suchen. Häufig lassen wir in unsere Gespräche das Für und Wider von Hormontherapien einfließen. Wir stellen fest, dass wir uns ungeniert mit anderen Frauen über sehr intime Themen unterhalten.

Penelope berichtet, wie viel Spaß sie hat:

Obwohl ich mehr auf die Waage bringe als je zuvor und obwohl ich in einen Mann verliebt bin, der mich sicher verlassen wird, weil er im Gegensatz zu mir Kinder will, liebe ich mein Leben. Nachdem ich jahrelang Farmarbeiter beraten habe, bekomme ich jetzt als Schriftstellerin Preise. Heute lache ich darüber, dass ich mir jemals Sorgen darüber gemacht habe, dass das Leben ab 40 auf direktem Weg zu Trockenheit der Vagina und dann ins Grab führen würde.

Verleugnen wir uns bereits?

Warum stehen wir also nicht zu unserem Alter, wickeln es uns um den Hals wie einen roten Schal und gehen damit hoch erhobenen Hauptes die Straße entlang? Weil in den Köpfen der meisten Menschen Amerika immer noch die Nation der Jugend ist – obwohl die Zahlen das Gegenteil beweisen und trotz der erfreulichen Artikel über unsere Gerontokratie, die jetzt von den „neuen Alten" beherrscht wird. Wir sprechen bewundernd und wehmütig über junge Talente, jugendliche Energie und blühende Schönheiten. Sagt man einem älteren Menschen, er sähe jünger aus, mag sich das wie ein

Kompliment anhören, aber vielleicht ist das in Wahrheit die Bestätigung dafür, dass Jugend an sich einfach besser ist.

Wir bewundern das herrlich verarbeitete, aber abgenützte Holz des Klaviers unserer Großmutter, aber wir sind nicht sicher, ob wir ihr schönes, aber gealtertes Äußeres erben wollen. Wir verbünden uns, wenn es um unserc eigene Abwertung geht.

Und das beschert uns schlechte Laune, Missmut, Sorgen und auch ein wenig Scham, denn dort draußen gibt es Altersdiskriminierung, Schätzchen. Wir geraten in Panik und lügen. Oder zumindest spielen wir mit dem Gedanken, zu lügen. Die traditionelle Ermahnung, Frauen niemals nach ihrem Alter zu fragen, ist gleichbedeutend mit der Annahme, dass es den Frauen peinlich wäre oder dass sie aus demselben Grund ohnehin lügen würden. Die logische Schlussfolgerung ist, dass Lügen zwar dumm sind, aber wahrscheinlich keine schlechte Idee.

Kathleen, Beraterin in einem Museum, Songschreiberin und Stepptänzerin, hat sich jedoch dazu entschlossen, sich zu befreien und die Wahrheit zu sagen:

> *Meine frühere Chefin warnte mich einmal, dass eine Frau, die ihr wahres Alter verrät, alles über sich preisgebe, und sie betrachtete das als negativ. Ich habe den Spieß jedoch umgedreht und behaupte, dass eine Frau, die ihr wahres Alter angibt, auch in allen anderen Bereichen ehrlich ist.*

Sue hingegen wollte ihren Kollegen ihr wahres Alter nicht verraten. Als ihre Tochter in den Sommerferien in ihrem Büro jobbte, verlangte Sue, dass auch sie ihr Alter nicht bekannt gab:

> *Hätten sie erfahren, dass meine Tochter 21 ist, dann hätten sie sich ausrechnen können, dass ich älter bin, als ich es sie habe glauben lassen. Ich bin der Meinung, dass es die Wahrnehmung der Leute verändert, wenn sie dein wahres Alter kennen. Du verrätst ihnen, wie alt du bist, und sie denken: „Hey, jetzt, wo ich sie mir so anschaue, sehe ich diese Falten in ihrem Gesicht.“*

Meine Mutter hat stets weder ihr Alter noch ihr Gewicht verraten. Sie erklärte mir, dass die Leute das gegen sie verwenden würden. Außerdem fand sie das genauso unhöflich wie jemanden zu fragen, wie viel er verdient. Man kann niemandem trauen. Wenn die Leute dein Alter erfahren, fällen sie ein Urteil. Wenn ich in meinem Institut biografische Unterlagen für Angestellte vorbereite, lasse ich ganz bewusst die Daten ihrer Abschlüsse unter den Tisch fallen. Wichtig ist, dass jemand in Harvard den Abschluss zum Betriebswirt gemacht hat, aber wann das war, ist irrelevant. Ich verrate keinem Mann, mit dem ich ausgehe, mein wahres Alter, und als mich einmal ein Arzt danach fragte, war ich kurz davor, auch ihn anzulügen.

Als Jane 48 wurde, beschloss sie, nicht mehr weiterzuzählen:

Ich sah ohnehin jünger aus und wollte nicht 50 werden. Dann erschien ein Zeitungsartikel über meine Promotion, in dem auch mein Alter genannt wurde. Das zwang mich zu einer neuen Einstellung. Heute beantworte ich Fragen nach meinem Alter immer so: „Ich bin 48. Aber ich lüge."

Marys Lieblingstante, die – wie Mary sagt – „energiegeladen, witzig und cool" ist, machte sich um zehn Jahre jünger und belog ungeniert sogar ihre Arbeitgeber:

Glücklicherweise waren ihre Kinder nicht sehr neugierig und wunderten sich nicht, warum sie mit 55 bereits Anspruch auf die staatliche Krankenversicherung Medicare hatte. Als ich 50 wurde, redete ich mir ein, ich wäre eigentlich erst 40 – das machte mich den ganzen Tag über glücklich. Ich hätte nie gedacht, dass mein Alter mich einmal derart beschäftigen würde, aber es ist tatsächlich der Fall.

Altersdiskriminierung existiert, aber möglicherweise können wir sie ebenso bekämpfen wie andere Vorurteile. Wir sprechen Leute darauf an, machen Stunk und bringen das Thema an die Öffentlichkeit.

Marianne, Englischdozentin an einem College, wandte sich mit ihrer Geschichte an eine Zeitung, weil sie sich im Alter von 57 diskriminiert fühlte:

Ich glaube, dass viele Menschen vor älteren Frauen, die Kraft und Energie ausstrahlen, Angst haben. Außerdem stellt unser Äußeres wohl für viele Männer einen Affront dar. Sie mögen unser Aussehen nicht, weil es sie an ihren eigenen Alterungsprozess erinnert. Glücklicherweise konnte ich feststellen, dass nicht alle so denken. Nach Erscheinen der Geschichte kamen viele meiner Kollegen und Studenten zu mir und sagten mir, wie sehr sie meine Erfahrung zu schätzen wüssten. Wenn wir älter werden, erweitert sich unser Wissen. Zu fast allen Themen in meinen Vorlesungen kann ich etwas aus meinem Erfahrungsschatz beitragen oder eine Anekdote dazu erzählen. Ich war ein Hippie und als kleines Mädchen bin ich einmal Eleanor Roosevelt begegnet. Würde ich mein wahres Alter verleugnen, könnte ich diese Geschichten nicht erzählen.

Schau mich an, ich bin 50

Nicht jeder verheimlicht sein wahres Alter. Einige Boomer missachten betont die Phobie vor Jahreszahlen und feiern sogar ihre runden Geburtstage. Die Fotografin Adele flog an ihrem 50. Geburtstag nach Paris:

Es war eine Zeit des Erwachsenwerdens und Paris ist meine Lieblingsstadt. Ich wollte eine Reise machen, auf der ich meine Fotos schießen konnte, aufstehen, wann ich wollte, nicht arbeiten, wenn ich keine Lust dazu hatte, und mich vollkommen frei fühlen. Damals war ich sieben Jahre lang Mutter gewesen und mein Vater war kurz zuvor gestorben. Zum ersten Mal konnte ich wegfahren, ohne mich irgendjemandem gegenüber verantwortlich zu fühlen.

Lulus Freundin schenkte ihr zu ihrem 50. Geburtstag Karten für ein Konzert der Rolling Stones. Lulu ist eine Art Groupie, wenn es um die Stones geht; sie fliegt sogar nach Europa, um ihre Konzerte zu sehen. „Sie sind in meinem Alter, und ich finde es großartig, dass sie immer noch weitermachen. Außerdem macht Mick Jagger mich an.“ Kate lacht darüber, wie sie sich das Älterwerden gewünscht hat:

Wir wünschen uns, dass uns jemand eine Tür öffnet und uns sagt: „Herzlich willkommen in den Fünfzigern. Es ist eine irrsinnig komische, wilde Zeit – ganz und gar nicht so, wie du befürchtet hast. Du wirst tolle Ohrringe tragen und alle werden dich für klug halten und sagen, dass du so gut aussiehst wie Jacqueline Bisset.“ Ganz so läuft es nicht ab, aber wenn du dein Alter verleugnest und hoffst, dass niemand davon Notiz nimmt, wird alles nur noch schlimmer. Dann versäumst du die guten Seiten daran.

Engstirnig, spießig, hasst laute Musik

Das mittlere Alter wird mit vielen alten, übertriebenen Begriffen verbunden. Speck der mittleren Jahre. Leistungsabfall. Die Frauen sind schlampig gekleidet. Kalkulierbar. Pingelig. Festgefahren. Über ihren Schultern hängt eine alte Strickjacke und sie beklagen sich ständig über die Temperatur. Abgrundtief uncool. Sie hassen laute Musik und rufen die Polizei, wenn die Teenager nebenan eine Party feiern.

Jill ist ganz und gar nicht so:

Vor meinem 30. Geburtstag hatte ich Angst. 40 war in Ordnung, aber ich brauchte meine Freunde, um mich besser zu fühlen. Mit 50 war ich glücklich über die Lebenssituation, in der ich mich befand. Ich fühlte mich unglaublich frei. Seit meiner Jugend hatte ich immer geglaubt, ich müsse mich auf eine gewisse Art verhalten, und das ist mir nie gelungen. Aber jetzt kann ich viel mehr ich selbst sein. Ich muss nicht mehr jung und hübsch sein. Ich muss mich nicht mehr verabreden und ich bin wesentlich weniger gehemmt und viel mutiger. Heute unternehme ich mehr als mit 30. Jetzt will ich Berge besteigen.

Wir ändern also die Adjektive. Wir sprechen über das reife, volle mittlere Alter. Über das freimütige, unvorhersehbare mittlere Alter. Wir vermeiden Klischees und beschreiben die Frau in den mittleren Jahren als intelligent oder clever oder leidenschaftlich. Und wie steht's mit selbstbewusst und selbstsicher? Und mit sexy? Nehmen wir einmal sexy. Sexy wie bezaubernd. Jemand, der mit Witz und Charme ebenso besticht wie mit gutem Aussehen. Sexy wie neugierig, energiegeladen, verlockend, verführerisch, geheimnisvoll. Aileen sagt:

Nein, wir sind nicht mehr jung und knackig. Wir sind weich und üppig. Ich finde das großartig. Und ich glaube, unsere Generation erkennt das an sich selbst und an ihren Freundinnen.

Caroline, Inhaberin eines Frauenbuchladens, erklärt, dass sie es sich zur Aufgabe gemacht hat, die Anrede „Ma'am" abzuschaffen:

Ich arbeite mit vielen jungen Menschen zusammen, die irgendwann anfingen, mich „Ma'am" zu nennen. Ich sagte ihnen, sie könnten mich „Püppchen" oder „Süße" nennen, aber nicht „Ma'am". „Junge Lady" lasse ich auch durchgehen – je nachdem, wer mich so nennt. Wenn ein Vertreter in meinen Laden kommt, knackig aussieht und mich dann lächelnd mit „Hallo, junge Lady" begrüßt, finde ich das toll. „Tomate?" Klar. Ich weiß, dass einige Leute mich „Ma'am" nennen, um ihren Respekt vor mir auszudrücken, aber das lehne ich ab. Lieber werde ich mit „Herzogin" angesprochen. Ich erteile jedem Angestellten im Supermarkt diese Lektion. Natürlich meinen sie es nur gut, aber ich will das nicht hören. Wie wäre es mit „heiße Braut"?

Altersdiskriminierung kann sich auch in unsere eigenen alten Knochen eingeschlichen haben. Goldy und ihre Partnerin planten eine Reise nach Frankreich, wo sie mit einer Frauengruppe zwei Wochen in einem Haus verbringen wollten, um zu malen. In letzter Minute überkamen sie Bedenken:

> *Wir befürchteten, dass wir mit einer Gruppe Frauen mittleren Alters nicht viel Spaß haben würden, obwohl wir im gleichen Alter waren. Dort angekommen fanden wir heraus, dass einige der anderen die gleichen Befürchtungen hatten. Natürlich war es wunderschön. Wir waren alle dort, um unseren Spaß zu haben.*

Versuch es einmal mit diesem Image

Nach dem Tod von Alice Adams schrieb Mary Gaitskill einen Nachruf für das Magazin *Salon* und schilderte, wie sie Alice eines Abends auf einer Straße in San Francisco beobachtet hatte:

> *Sie war damals ungefähr 60, trug einen Rock, der ihr knapp über das Knie reichte, und flache Schuhe ohne Strümpfe. Sie wirkte ein wenig ungeduldig, ein bisschen mürrisch und sehr elegant. Ich dachte: „Unglaublich. Keine Strümpfe, aber bei ihr sieht das gut aus.“*

Der verstorbene Charles McCabe vom *San Francisco Chronicle* schrieb eine Kolumne über Frauen über 40 und „den Wert einer vollkommen ausgeprägten Frau“:

> *Ältere Frauen haben Format. Männer neigen eher dazu, ab dem 40. Lebensjahr abzubauen, Frauen hingegen entwickeln sich weiter ... Das soll nicht heißen, dass Frauen unter 40 keinen Charme hätten. Immerhin sind sie das, woraus die Frauen über 40 hervorgehen.*

Das stammt aus dem Jahr 1980. Viel Zeit ist vergangen, bis wir wieder poetische Äußerungen über ältere Frauen lesen konnten. Wie steht's es mit dem Begriff „robust"? Wie lautet das weibliche Äquivalent zu „viril"? Unerschrocken. Strahlend. Aileen meint:

> *Ich bin nicht sicher, ob alle in der Gesellschaft uns so sehen, aber ich denke, viele von uns haben einen weiten Weg hinter sich, und nun können wir das genießen. Wir haben unser Leben und unseren Status verdient. Vielleicht erkennt das nicht jeder in unserer Gesellschaft an, aber wir sind jetzt eben an diesem Punkt angelangt, unabhängig davon, was die Gesellschaft darüber denkt.*

Wie die Medien uns sehen

Mary glaubt, dass die Medien ihr kein gutes Bild von ihren mittleren Jahren vermittelt haben:

> *Wenn ich an das mittlere Alter denke, schießt mir zuerst das Bild einer grauhaarigen Frau in Stretchhosen im Supermarkt durch den Kopf. Es ist mir peinlich, zuzugeben, dass ich so denke, obwohl ich es besser weiß.*
> *Es ist mir auch unangenehm, zugeben zu müssen, wie wichtig mir das Äußere ist, obwohl ich nicht viel für mein eigenes tue. Die 1960er-Jahre und der Feminismus haben mich davon überzeugt, dass wir dem Äußeren keine allzu große Bedeutung beimessen sollten, aber manchmal habe ich das Gefühl, dass sich nach dem 50. Geburtstag alles nur noch um die äußere Erscheinung dreht. In den Medien taucht nichts auf, was mir das Älterwerden leichter machen würde.*

Vielleicht hat Mary die Gesichtscreme entdeckt, die verspricht, wie ein „Hüfthalter für das Gesicht" zu wirken. Die Medien konzentrieren sich auf das äußere Erscheinungsbild und das Aufhalten des Alterungsprozesses und, wie Mary sagt, tun wir das ebenfalls:

Auch wenn wir uns sagen, wir sollten uns keine Sorgen über das Altern machen, so tun wir es doch. Wir sind uns nicht sicher, wo unser Platz in dieser Gesellschaft ist. Unser Körper verändert sich. Wir versuchen, unsere Identität zu finden. Wir wollen keine dieser kleinen alten Ladys werden, über die Komiker ihre Witze reißen.

Carol nimmt Anstoß daran, auf welche Weise die Medien ihre Altersgruppe abtun:

„Ich kann es nicht leiden, wie die Medien uns suggerieren wollen, dass wir jung und extrem schlank sein müssen, um attraktiv zu sein. Auf uns ältere, rundlichere Frauen wirft das in der Öffentlichkeit ein sehr schlechtes Licht."

Am stärksten verwundbar sind wir anscheinend in Bezug auf unseren Körper. Marilyn, Drehbuchautorin, hat die großen Spiegel an ihren Schranktüren entfernt und gibt dafür den Medien die Schuld, die sie dazu gebracht haben, sich selbst nicht mehr zu mögen:

Sie spielen mit unseren Ängsten, anstatt unsere Stärken zu erwähnen. In den Werbespots werden ständig Dinge in Ordnung gebracht, wozu ich keine Notwendigkeit sehe. Man sieht Pärchen am Strand tanzen, weil er jetzt Viagra nimmt. Es gibt spezielle Kräuter, mit denen wir unser Erinnerungsvermögen verbessern können. Die Botschaft lautet also: „Du bist alt, kannst nicht mehr denken und hast keinen Sex mehr". Sie verstärken unsere Ängste und unser schwach ausgeprägtes Selbstverständnis.

Sam war früher Model und ist heute Geschäftsfrau:

Schönheit war sehr wichtig für mich, und ich bin mir deutlich dessen bewusst, was der Zahn der Zeit unwiderruflich anrichtet. Krampfadern, Hängebusen. Eines Tages wies mich meine Tochter darauf hin, dass ich mir die Augenbrauen zu stark zupfen würde – ich hatte sie allerdings gar nicht gezupft. Dann begann ich in den Läden nach Cremes Ausschau zu halten. Vielleicht sollte ich mir etwas für meine alternde Haut oder mein Haar kaufen. Es gab so viele Produkte, die alle versprachen, mein Aussehen zu verjüngen. Schließlich entdeckte ich eine Creme speziell für die Nagelhaut älterer Menschen und fand das alles lächerlich.

Erst seit kurzem bemühen sich die Herausgeber von Magazinen ernsthaft um die Gunst des Lesers im mittleren Alter. Frühere Bemühungen waren an dem Desinteresse der Werbeindustrie gescheitert, aber die wachsende Anzahl der alternden (gut betuchten) Boomer hat einen damit verbundenen Boom für Anti-Aging-Produkte ausgelöst und Frauen in den mittleren Jahren zu einem heiß begehrten Zielobjekt auf dem Markt gemacht.

Einige der Versuche waren positiv. Die Magazine begannen Models abzubilden, die eindeutig über 40 waren und Kleidung trugen, die weder mädchen- noch matronenhaft wirkte, und die Artikel handelten davon, wie regelmäßiger Sex den Alterungsprozess verlangsamen kann, und von der Herausforderung einer zweiten Karriere. Es war der Beginn eines gewissen Altersbewusstseins, aber nicht alle Frauen waren davon überzeugt. Leigh, Universitätsprofessorin, meint spöttisch:

Trotz der wirklich großen Erfolge der Frauenbewegung spielt unsere Kultur immer noch Spielchen mit uns. Uns wird vermittelt, dass wir attraktiver und schöner werden, wenn wir dies und jenes tun. Eine Menge Bücher, Magazine und teure Gesichtscremes lassen sich verkaufen, indem man Ängste schürt, von denen wir wahrscheinlich gar nichts wüssten, hätten wir nichts darüber gelesen. Meine Vogel-Strauß-Mentalität versucht die

Massenmedien vollständig zu ignorieren. Das bewahrt mich davor, zornig zu werden und den unausweichlichen Fakten des Älterwerdens völlig verunsichert zu begegnen.

Adina lebte in Europa und Asien, bevor sie sich in ihren Fünfzigern in Kalifornien niederließ. Sie sagt:

Erst als ich in diesen Kulturkreis kam, begann ich über Pensionierung, Gesundheitsversorgung, soziale Absicherung und Testament nachzudenken. Das sind die Sorgen der westlichen Welt, und meiner Meinung nach dienen sie in erster Linie dazu, unser Konsumverhalten zu beeinflussen. Wenn ich die Artikel in einigen dieser Magazine für ältere Menschen lese, dann würde ich mich am liebsten in einem Sarg verkriechen.

Eve, Soziologieprofessorin, hat ihre eigene Meinung über die Anbetung der Jugend:

Wir sind so besessen von der Jugend, weil die Babyboomer im vergangenen halben Jahrhundert sich auf der jugendlichen Seite befanden. Jetzt, wo wir älter werden, werden einige spezielle Institutionen – auf dem Arbeitsmarkt, im Gesundheitswesen – sicher umschwenken und sich auf die zweite Hälfte des Lebenszyklus konzentrieren. Ob die Allgemeinheit mitziehen wird, ist eine andere Frage.

Goldy arbeitete viele Jahre in der Werbung und ist nun Künstlerin. Sie wünscht uns allen viel Glück beim Warten darauf, dass die Medien ihren Blickpunkt ändern:

Die Leute wollen ein Image kaufen. Du kannst ein Produkt zeigen, das von einer Frau mittleren Alters benützt wird, die möglicherweise auch noch etwas rundlich ist, und die Konsumentin, die genauso aussieht, wird darauf nicht anspringen. Sie wird sich mit einem Model identifizieren wollen, das jünger und schlanker ist, weil sie ebenso aussehen möchte.

Goldys Mutter hasste das Älterwerden und Goldy bemüht sich, ihre mittleren Jahre positiver zu leben:

Mein Verstand sagt mir, dass die Medien meine Empfindungen über mein Aussehen manipulieren, aber ich falle trotzdem darauf herein. Ich bekämpfe diese negativen Gefühle, aber sie nagen an mir. Im Leben meiner Mutter drehte sich alles um Schönheit und als sie älter wurde, sprach sie ständig über die Dinge, die ihr an ihrem Körper missfielen. Dass sie dick wurde, dass ihr Haare an Körperstellen wuchsen, an denen sie keine haben wollte. Wenn wir gemeinsam ein Restaurant besuchten, beklagte sie sich, dass alle Männer mich ansahen und nicht sie. Wenn sich mir solche negativen Gedanken aufdrängen, versuche ich sie zu bekämpfen. Ich sage mir vor: „Ach, was soll's?" Oder ich arbeite an einem Bild, um mich davon zu befreien. Es hilft mir auch, jemandem etwas Gutes zu tun. Ich bringe dann zum Beispiel meiner Nachbarin eine Hühnersuppe oder setze mich mit einem jungen Künstler zusammen und versuche ihm zu helfen.

Die kalifornische Moderatorin Ysabel Duron nahm ihre Perücke ab und zeigte ihr kurzes graues Haar, das nach ihrer Chemotherapie im Kampf gegen Krebs nachgewachsen war. Die Zuschauer konnten sehen, dass sie etwa zehn Jahre älter war, als sie gedacht hatten, und die Reaktion war positiv. Sie fanden es gut, natürliche Menschen im Fernsehen zu sehen.

Jeanne findet es mutig, aus den vorgegebenen Mustern auszubrechen:

Wenn man als Erste Anti-Aging-Mittel ablehnt, grau wird und sein Alter verrät, ist das so, als würde man in der Junior Highschool als Erste einen Knutschfleck am Hals herzeigen. Alle behaupten, sie würden es dir nachtun, wenn du den Anfang gemacht hast, aber es gibt keine Garantie dafür, dass du nicht die Einzige bist, an der es hängen bleibt.

Zweifel und Verständnis

Manchmal ist es schlichtweg die Tatsache, dass wir gegenüber anderen überlebt haben, die uns das Erreichen eines bestimmten Alters nicht als Fluch, sondern als Belohnung erscheinen lässt. Die Sängerin Patti LaBelle beschreibt in ihrem Buch *Don't Block the Blessings*, wie begeistert sie war, als sie an ihrem 50. Geburtstag aufwachte. Ihre Schwester war in ihren Vierzigern an Krebs gestorben und hatte diese Chance nicht gehabt.

Sara erzählt, dass sie sich mit 47 alt fühlte, als sie aus unerklärlichen Gründen zunahm und ihre Kleidung an ihr mit einem Mal ganz anders aussah als früher. Doch dann sah sie alles aus einer anderen Perspektive:

> *Als meine Tochter ein Baby bekam, fühlte ich mich auf eine glückliche Weise alt. Ich hatte all diese Erfahrungen in meinem Leben machen dürfen und jetzt kamen noch Enkel hinzu. Ich beklagte mich darüber, dass meine Lebensfreude abgenommen hatte, doch als mein Enkel krank wurde und eine seiner Nieren entfernt werden musste, wurde mir bewusst, wie viel Glück und Gesundheit ich in meinem Leben hatte.*

Manchmal hilft genaueres Hinschauen, um das Älterwerden richtig einzuordnen. Auf intellektueller Ebene mag das schneller geschehen als auf emotionaler. Als Dee 60 wurde, geriet sie in Panik:

> *Ich erzählte meiner Tochter, ich hätte das Gefühl, als wäre gerade eine Schlange über meine Füße gekrochen. Sie erwiderte mir erstaunt, dass sich das gar nicht nach mir anhören würde – ich klang, als fände ich mich selbst abstoßend. Ihrer Meinung nach muss ich wohl etwas Schreckliches von dieser Gesellschaft gelernt haben.*

Diesem Meilenstein-Geburtstag folgte ein großartiges Jahr für Dee. Sie zog in ihr Traumhaus auf dem Land, gründete ein neues Geschäft, das sich gut entwickelte, und kam wieder mit einem Mann zusammen, mit dem sie vor vielen Jahren befreundet gewesen war. Sie hatte wirklich allen Grund zur Freude, aber die Angst blieb.

Das liegt an unserer Kultur. Kate meint dazu:

> *Du sagst dir selbst vor, dass das Alter nicht zählt. Dann triffst du eines Tages den neuen Boss deiner Tochter und er schwört: „Ihr seht aus wie Schwestern!" Obwohl du ihm nicht glaubst, freust du dich über das Kompliment. Vielleicht überlegst du kurz, ob du ihm sagen sollst: „Ich war 27, als ich meine Tochter bekam, und da sie jetzt 25 ist, bin ich schon 52." Stattdessen machst du große Augen, bedankst dich und gehst zufrieden nach Hause. Das hält nicht lange an. Zwei Tage später gehst du einkaufen und die Verkäuferin fragt dich, ob du den Seniorenrabatt haben möchtest. Am liebsten würdest du ihr deinen Führerschein unter die Nase halten und ihr zeigen, dass du noch drei Jahre Zeit hast, bis es jemand wagen darf, dir zehn Prozent Rabatt anzubieten.*

Mit Ende 40 fand Carol einen neuen Job, eine neue Wohnung und änderte ihren Familienstand. Sie gesteht, dass sie zwar glücklich war, sich aber insgeheim fragte, welches das erste Anzeichen des Älterwerdens sein würde:

> *Ich bilde mir gern ein, dass ich über diesen Dingen stehe, aber als die Jungs an den Baustellen nicht mehr hinter mir herpfiffen, schrieb ich das den körperlichen Veränderungen zu. Doch als ich eines Tages die Straße entlang fuhr, winkte mir ein junger Mann aus seinem Wagen zu. „Ich scheine doch noch nicht alles eingebüßt zu haben", dachte ich mir. Dann deutete er auf meine Wagentür und gab mir zu verstehen, dass ich meinen Rock eingeklemmt hatte.*

„Ich weiß nicht, wo ich hingehöre. Nicht zu den Jungen, nicht zu den Alten“, sagt Marilyn. Anlässlich ihres 50. Geburtstags verreiste sie mit ihrem Mann. Sie machten eine Kreuzfahrt und stellten fest, dass sie die Jüngsten an Bord des Schiffs waren:

Die meisten waren in den Siebzigern, wirklich nette Menschen, die ihren Spaß hatten. Das begeisterte mich und ich überlegte mir, dass ich auf keinen Fall eines Tages 70 werden möchte und mir denken müsste, 20 Jahre meines Lebens verloren zu haben, weil ich mich so schlecht gefühlt hatte. Das würde mich sehr zornig auf mich selbst machen.

Mary hält es für eine Nachwirkung der 1960er-Jahre, dass sie nicht akzeptieren kann, wenn die Leute sie nicht mehr als jung ansehen:

Wenn man in seiner Jugend nicht in der Gegenbewegung war, regt man sich vielleicht nicht so sehr über das Älterwerden auf, aber wir haben eine so große Sache daraus gemacht, jung zu sein. Vielleicht haben diejenigen von uns, die glaubten, niemals 30 zu werden, größere Schwierigkeiten, älter zu werden. Ich gehöre sicher dazu. Ich sehe mich immer noch als Jugendliche, die eine neue Karriere starten, umziehen oder sonst irgendetwas Neues beginnen kann. Und jetzt fange ich an zu glauben, dass das vielleicht nicht mehr geht. Ich wünschte, wir schrieben das Jahr 1968 und ich wäre 20.

Diana erklärt: „Meiner Meinung nach müssen wir uns dem öffnen, was als Nächstes kommt, anstatt uns auf das zu konzentrieren, was wir verloren haben.“ Gloria Steinem gestand Gail Sheehy in dem Buch *Die neuen Lebensphasen*, dass sie bereits in ihrer Zeit als Frauenrechtlerin Angst vor dem Älterwerden gehabt hatte. Wie sie sagte, war Älterwerden lange Zeit für sie mit einem Verlust verbunden. „Dann begann ich allmählich zu begreifen, dass es kein Verlust war – es war Neuland.“

Für die Amerikanerin Judith waren die mittleren Jahre im wahrsten Sinne des Wortes Neuland, da sie nach Prag zog. Sie betont, dass ihre Fünfziger der beste Abschnitt ihres Lebens waren:

> *Ich habe schon so viel hinter mich gebracht. Meine Söhne sind erwachsen. In meinen Vierzigern habe ich noch einmal die Schulbank gedrückt. Ich habe Brustkrebs überlebt. Mit 50 hatte ich viel erreicht und war emotional und psychisch bereit für ein Abenteuer. Das Beste am Leben in einer fremden Stadt ist, dass du nie weißt, was dich an der nächsten Straßenecke erwartet.*

Natürlich können wir bis zum 45. Lebensjahr nicht alles ausprobieren, was wir wollen. Wenn du niemals Klavierstunden genommen hast, ist es wahrscheinlich zu spät, um Konzertpianistin zu werden, aber das heißt nicht, dass du den Unterricht nicht mehr nehmen kannst, den du dir immer gewünscht hast. Es gibt sehr viele verschiedene Beispiele für Spätzünder. Als die Schriftstellerin Penelope Fitzgerald ihr erstes Werk veröffentlichte, war sie knapp 60. Carolyn Heilbrun war 62, als ihr Buch *Writing a Woman's Life* erschien. Georgia O'Keefe machte im gleichen Alter eine Reise in die Wüste.

Marylu hat sich zum Ziel gesetzt, stets in Bewegung zu bleiben. Sie unterrichtet, leitet einen privaten Beratungsdienst und hat sich selbst das Versprechen gegeben, mit 50 wieder zu malen.

Adina genießt die Freiheit, sich nicht festlegen zu müssen:

> *Früher dachte ich, ich müsste mir über einige Dinge im Klaren sein, aber das bin ich nicht immer. Heute genieße ich es, sagen zu können: „Ich habe keine Ahnung." Wenn man nicht mehr alles wissen muss, öffnet das viele Türen.*

Sedonia bemüht sich sehr, nicht dem althergebrachten Image zu entsprechen, Frauen seien nach der Menopause zu nichts mehr nütze, aber sie ist realistisch:

Wir können nicht behaupten, alles sei toll. Es gibt auch viele negative Aspekte. Unsere Sehfähigkeit lässt nach, das früher so schöne Haar wird dünner, dein Gesicht sieht nicht mehr aus wie ein Pfirsich, du ermüdest schneller. Wir erleben etliche Verluste. Ich vermisse die Energie, die ich einmal hatte, mein früheres Aussehen. Aber es ist eine großartige Zeit, eine ältere Frau zu sein, und das hätte ich vor 20 Jahren noch nicht gesagt. Die Dinge verändern sich.

Aber was ist denn nun so schlimm am Älterwerden?

Ist es nur unsere eigene Bestürzung über die körperlichen Veränderungen, die uns Angst vor dem Älterwerden einjagt, oder geht es auch darum, dass wir von anderen in unserer vom Jugendlichkeitswahn beherrschten Gesellschaft als weniger wertvoll angesehen werden? Woher kommt diese Anbetung der Jugend eigentlich? Und wem dient sie? Carol ist der Überzeugung, sie entsteht aus Furcht:

Ich glaube, dass allein schon jedes englische Wort, das auf „ism" endet, auf Furcht basiert. Es geht um die tief sitzende Furcht, alt und machtlos zu werden, und um die Angst vor dem Sterben. Wenn Altersdiskriminierung irgendjemandem dient, dann den Jungen, aber dieser Vorteil ist zeitlich begrenzt, denn auch sie wird es irgendwann treffen.

Mary wirft sich vor, dass sie selbst die gleiche Altersdiskriminierung geschürt hat, deren Opfer sie nun ist:

Zum Teil liegt das Problem an der festen Überzeugung junger Menschen, schlauer und angesagter zu sein als ältere Mitbürger. Ich bin aus der 1960er-Generation und damit mit Sicherheit ebenso daran schuld wie alle anderen. Ein anderer Aspekt ist die amerikanische Wegwerfgesellschaft, die Weisheit und Tradition nicht mehr respektiert. Würden sich ältere Leute selbst höher einschätzen, würden die anderen das auch tun. Ich hoffe, dass wir Babyboomer, die wir uns alle für so interessant und cool halten, unseren eigenen Wert nicht vergessen. Das könnte alles verändern.

Sara ist der Meinung, Altersdiskriminierung hängt eng mit Sexismus zusammen:

Alles dreht sich um Macht. Historisch gesehen war die Grundlage der Macht einer Frau ihre Schönheit und Jugend, und wenn sich das ändert, braucht sie eine andere Form der Macht. Sogar Männer werden wie Frauen behandelt, wenn sie älter werden, außer sie besitzen die Art von Macht, die unsere Gesellschaft am meisten respektiert – Macht in einem Unternehmen oder in der Politik, Reichtum oder Berühmtheit.

Sidney glaubt, das wird sich bald ändern. Als ihr Arbeitgeber ihr nach vielen Jahren kündigte, machte sie sich auf die Suche nach einem neuen Job und befürchtete, dass ihr Alter dabei ein Hindernis sein würde:

Es war zu meinen Gunsten, denn ich hatte eine skandalöse Vorgängerin und sie suchten nun nach einer zuverlässigen, gesetzten Mitarbeiterin. Außerdem waren sie wohl davon begeistert, dass ich ein wenig unkonventionell bin. Und meine Chefin, die in ihren Dreißigerin ist, sieht gut neben mir aus. Sie hat jemandem erzählt, sie hätte nie gedacht, dass eine Person meines Alters noch so viel Energie haben könnte – bis sie mich kennen lernte. Ich arbeite gern für sie, weil sie effizienter und professioneller ist als viele meiner früheren Bosse, die in meinem Alter oder älter waren.

Leigh berichtet jedoch, dass sie bei ihrer Lehrtätigkeit an einem College Vorurteile spürt:

Manchmal habe ich das Gefühl, ignoriert zu werden. Während meines Unterrichts scheinen mich einige Studenten mit einem Misstrauen zu beobachten, das ich vor zehn Jahren noch nicht bemerkt habe. Haben sie sich verändert oder liegt es an mir? Oder ist es einfach der zunehmende Altersunterschied? Ich weiß es wirklich nicht.

Jamie findet, dass bestimmte Grenzen gezogen werden, die Altersdiskriminierung fördern. Ihr missfallen vor allem Ermäßigungen für Senioren:

In den Fünfzigern werden sie dir zum ersten Mal angeboten. Aber warum brauchst du in den Fünfzigern verbilligte Karten für den Shuttle am Flughafen? Das beinhaltet: Hier ist die Grenze, alle anderen sind alt. Diese Art von Altersdefinition schließt dich aus der Allgemeinheit aus, indem sie ausdrückt, dass du spezielle Bedürfnisse hast. Altersdiskriminierung gibt Menschen das Gefühl, unsichtbar zu sein. Wenn du keine Blicke mehr auf dich ziehst, weil du nicht mehr jung bist – und damit meine ich nicht nur Blicke von Männern, sondern von der gesamten Gesellschaft –, dann scheinst du den Leuten gleichgültig geworden zu sein. Und das bedeutet endgültige Isolation. Ich möchte nicht, dass mir das passiert.

Barbara besuchte als einzige Afroamerikanerin eine Schule mit hauptsächlich weißen Schülern und war ständig mit Rassismus konfrontiert. Jetzt will sie sich nicht auch noch von Altersdiskriminierung einschränken lassen:

Ich weigere mich, unsichtbar zu sein. Ich schaue in den Spiegel und sage: „Ich werde jeden Tag schöner, selbst mit diesem Bauch. Diese Beine mit der Orangenhaut haben meine Babys getragen. Ich habe einen dicken Hintern und einen Hängebusen, aber ich verdiene mehr Geld als je zuvor und ich gebe es aus." Mein Leben ist viel gehaltvoller und erfüllter als in meiner Jugend. Ich denke, dass wir die werden, die wir wirklich sind, wenn wir durch die Wechseljahre gehen. Wir nehmen uns nicht mehr zurück, so wie wir früher dachten, wir müssten es tun. Wenn wir wütend sind, dann liegt das an all dem Mist, mit dem wir uns 25 Jahre herumplagen mussten. Das tue ich nicht mehr. Ich freue mich darüber, dass ich jetzt in meiner besten Verfassung bin.

Sophie ist ein Geschichtsfan und sucht nach den Ursprüngen der Abwertung älterer Frauen:

Sicher ist es nicht politisch korrekt, aber ich bin davon überzeugt, dass wir „menschlichen Tiere" darauf programmiert sind, uns fortzupflanzen. Männchen suchen nach heiratsfähigen – also fruchtbaren – Weibchen. Die Weibchen suchen nach den Männchen mit dem größten Vorrat an Steinen oder Fischen, diejenigen, die am besten in der Lage sind, die Familie zu ernähren. Im Alten Testament gibt es viele Beispiele von Männern, die sich eine zweite, dritte oder vierte jüngere Frau genommen haben, um die Nachkommenschaft zu sichern. Dafür gab es einen guten Grund, denn die Kindersterblichkeitsrate war in jenen Tagen extrem hoch. Sie wollten nicht nur den Bestand ihrer eigenen Familien erhalten, sondern brauchten in landwirtschaftlichen Gemeinschaften die Kinder auch zur Feldarbeit. Die älteren, weniger fruchtbaren Frauen verloren daher ihre Macht. Ich bin der Meinung, das zeigt sich auch heute noch.

Susanne glaubt, dass Altersdiskriminierung manchmal durch technologische Veränderungen verstärkt wird:

Das unglaublich schnelle, fast explosionsartige Wachstum unserer wissenschaftlichen Welt lässt die vorherige Generation zurück – außen vor und scheinbar unproduktiv –, vor allem, da wir von alldem nicht so fasziniert sind wie die Jungen. Dann sind wir plötzlich hoffnungslos altmodisch. Natürlich können wir der Unterhaltungs- und Werbeindustrie vorwerfen, dass sie sich nur auf junge Menschen konzentriert, aber ich glaube, sie reagieren nur auf Trends – sie kreieren sie nicht. Schließlich wollen sie Geld verdienen und nicht als Missionare agieren.

Die Furcht vor dem Alter ist der Grund, warum Rachel zögert, sich mit den mittleren Jahren anzufreunden:

Das hohe Alter ist für mich eine traurige, einsame Zeit, in der die Menschen dich nicht mehr anschauen und dich von oben herab behandeln. Ich habe das erlebt, als mein Vater nicht mehr Auto fahren konnte und seine Unabhängigkeit verlor. Er war ein offenherziger, starker, charmanter und attraktiver Mann gewesen und nun verlor er all diese Eigenschaften. Die Erinnerungen an seine Krankheit und seinen Tod sind noch so frisch, dass mir die Anzeichen meines eigenen Älterwerdens eine Heidenangst einjagen. Ich bemühe mich, das zu ändern und Altern nicht mit Krankheit gleichzusetzen. Stattdessen versuche ich, die Weisheit und die Erfahrung zu sehen, die ebenfalls mit dem Älterwerden einhergehen.

Mythen aufbrechen

Mit zunehmendem Alter kann man eine gewisse persönliche Ausstrahlung gewinnen. Wir nennen das „Pizzazz" – ein Wort, das sich laut dem *New Dictionary of American Slang* von „Pisse und Essig" (engl.: „piss and vinegar"; Anm. d. Red.) ableitet und im Allgemeinen für Energie und Elan steht. Pizzazz zeigt sich an der Einstellung, an der Art, wie man sich bewegt und sein Selbstbewusstsein zur Schau stellt.

Faye ist seit über 30 Jahren Flugbegleiterin und überzeugt davon, dass Elan in jedem Lebensalter sexy ist. Sie trägt blonde Strähnchen im Haar, mehrere Ohrringe und lacht so herzhaft, dass man sie von der Kabine bis in die erste Klasse hören kann:

Ich ziehe nicht mehr so viele Blicke auf mich wie früher, aber ich habe nicht den Eindruck, als Person weniger geschätzt zu werden. Auch mit zunehmendem Alter bin ich die lebenslustige Frau geblieben, die ich schon immer war. Außerdem macht es mir Spaß, ständig etwas Neues auszuprobieren. Ich lernte mit Rollerblades zu fahren und meldete mich dann für einen Seiltanzkurs an, der Mut und Selbstvertrauen fördern sollte. Ich musste auf einem Drahtseil laufen, das in einer Höhe von etwa 18 Metern zwischen zwei Bäumen gespannt war. Als ich dort oben stand, schwankte ich hin und her und befahl mir, nicht nach unten zu schauen. Mein Puls raste und als ich die Mitte erreicht hatte, flippte ich beinahe aus. Ich holte tief Atem, wie bei einer Yogaübung, und sagte mir: „Du machst das jetzt. Gib nicht auf!" Ich tue gern Dinge, die mir Angst einjagen – ich halte es für keine gute Idee, immer nur den Weg des geringsten Widerstands zu gehen.

Faye plant, noch einige Jahre zu fliegen, dann den Dienst zu quittieren, die Prüfung zur persönlichen Trainerin abzulegen und Meditationskurse zu geben. Als sie Stewardess wurde, mussten Frauen in diesem Job hübsch und jung sein. Sie durften nicht mehr als ein Handgepäckstück wiegen, mussten alberne Hüte tragen und es über sich ergehen lassen, sich von männlichen Passagieren begrapschen und anstieren zu lassen, die glaubten, „Wollen Sie Kaffee, Tee oder mich?" wäre ein Bonus für Vielflieger:

Als ich Stewardess wurde, wurden nur junge, unverheiratete Frauen eingestellt. Mit 32 war man raus. Erinnern Sie sich noch an die Flugbegleiterinnen der PSA? Sie trugen Hotpants. Es war ein rein sexuell geprägtes Image, wobei vollkommen ignoriert wurde, dass wir eigentlich für die Sicherheit zuständig waren. Mittlerweile gibt es viele ältere Stewardessen. Ich bin 55 und stehe auf der Liste der Ältesten erst in der Mitte. Trotzdem höre ich oft: „Fliegen Sie tatsächlich noch?“, so, als ob ich jetzt allmählich etwas anderes tun sollte. Ich hatte das Gefühl, mich verteidigen zu müssen, weil ich immer noch den gleichen Job machte und das College nicht abgeschlossen hatte. Mit zunehmendem Alter habe ich jedoch meine Einstellung geändert. Jetzt ist es mir wichtiger, zu sein, wer ich bin, als mir Sorgen darüber zu machen, was andere Leute über mein Leben denken.

Faye freut sich auf den Tag, an dem sie das Oberhaupt ihrer Familie sein wird:

Ich finde es wunderbar, die weise Frau zu sein, der man Aufmerksamkeit schenkt und Respekt zollt. Man kann das in anderen Ländern beobachten, in denen es eine starke Familienstruktur gibt und Frauen aller Altersstufen verehrt werden. In Brasilien gehen Familien gemeinsam zum Abendessen aus und bleiben bis spät in die Nacht: Kinder, Großeltern. Eine Trennung nach Generationen wie bei uns gibt es dort nicht. Das wünsche ich mir auch. Ich verstehe, dass man nicht als alt abqualifiziert und mit den entsprechenden negativen Attributen belegt werden möchte, aber ich will mein Alter auch nicht verleugnen und den Status aufgeben, den eine ältere Frau in ihrer Familie annehmen kann. Natürlich kann ich auf eine Altweiberdauerwelle verzichten. Und ich will von niemandem hören, ich sei zum Inlineskaten zu alt.

Unsere Töchter beobachten uns

Faye hat mittlerweile großes Vergnügen daran, zu beobachten, wie sich ihre Tochter im College-Alter entwickelt:

Ich bewundere ihre Selbsteinschätzung und genieße es, zu sehen, wie sie mit ihrer Schönheit umgeht. Bei einem gemeinsamen Strandspaziergang bemerkte ich lächelnd, wie viele Leute sie anstarrten, als sie hoch erhobenen Hauptes an ihnen vorbeisegelte. Wollte ich, dass sie stattdessen mir Blicke zuwarfen? Nein. Du hast ein Kind – es ist wie eine kleine Knospe, die langsam ihre Blüten öffnet, und dann kannst du dich zurücklehnen und dir sagen: „Das haben wir erschaffen." Es ist aufregend, in ihrer Gesellschaft zu sein, aber ich beneide sie nicht um ihre Jugend. Ich möchte ihr ein gutes Vorbild dafür sein, was als Nächstes auf sie zukommt.

Mary ist Mutter einer heranwachsenden Tochter. Sie ist der Meinung, wir sollten Fotos von klugen, kreativen, Widerstand bietenden älteren Frauen aufhängen, um unseren Töchtern die Möglichkeit zu geben, mit Freude in die Zukunft zu blicken:

Ältere Frauen sagen, sie fühlten sich unsichtbar, also müssen wir sie groß herausbringen. Druckt ihre Bilder auf die Titelseiten der Magazine. Schreibt Drehbücher über sie. Führt sie zum Essen aus, schenkt ihnen guten Wein ein und löchert sie mit Fragen. Ladet sie zu euch nach Hause ein. Wählt sie in ein Amt. Seht sie euch bewusst an und sorgt dafür, dass eure Töchter das ebenfalls tun.

In einem Mutter-Tochter-Ferienlager trafen eine Gruppe von Töchter in den Zwanzigern und ihre Mütter aufeinander – Frauen, die alt genug waren, um im Alter von etwa 20 Töchter geboren zu haben. Kate berichtet:

Wenn Frauen aller Altersklassen und Größen in Shorts und T-Shirts herumlaufen und sich dann ausziehen und im Gemeinschaftsbad unter die Dusche gehen, überwinden sie damit Barrieren. Die jüngeren Frauen taten sich leichter, vom Floß zu springen und es um die Stromschnellen zu manövrieren, aber was die Begeisterungsfähigkeit und den Abenteuergeist betraf, unterschieden wir uns kaum voneinander. Wir umfassten drei Generationen und sahen mit unseren Baseballkappen und Sonnenbrillen alle beinahe gleich aus. Meine Tochter sagte mir später, sie überdenke jetzt ihre Vorstellungen vom Älterwerden. „Ich glaube, nach den mittleren Jahren fängt die Party erst an", erklärte sie.

Lily, Mutter von zwei Töchtern, meint:

Heute kann ich junge Frauen ansehen, ohne diesen Neid zu empfinden, der in meinen Vierzigern an mir nagte. Ich genieße ihren Liebreiz und ihre Lebendigkeit und öffne ihnen mein Herz. Ich glaube, meine Töchter sehen keinen großen Unterschied zwischen sich und mir – wir sehen uns tatsächlich sehr ähnlich. Eines Tages unterhielten wir uns jedoch im Badezimmer und ich betrachtete das Gesicht einer meiner Töchter sehr lange. Als ich dann mein eigenes Gesicht im Spiegel sah, hätte ich beinahe aufgeschrien. Ich hatte irgendwie erwartet, ihr Gesicht zu sehen, doch meines ist viel älter. Der Unterschied hat mich entsetzt.

Georgie hat keine Kinder, aber viele ihrer Freundinnen sind jüngere Frauen, die sie bei ihrem Job in einer Anwaltskanzlei kennen gelernt hat. Eine ihrer Kolleginnen ist in Georgies Alter. Für sie waren die Wechseljahre ständig eine Entschuldigung für alles Unangenehme – Depressionen, Kopfschmerzen, Gewichtszunahme, permanent schlechte Laune:

Pausenlos erzählte sie den jüngeren Frauen, wie schrecklich es sei, älter zu werden. „Wartet nur ab", sagte sie in einem drohenden Tonfall, wie die Hexe zu Schneewittchen. Sie wollte ihnen tatsächlich weismachen, dass nach der Menopause die Bauchmuskulatur erschlafft. Der Grund, warum sie einen dicken Bauch hatte, war jedoch, dass sie nie Gymnastikübungen machte. Nach einer Weile konnte ich mir das nicht mehr anhören und mischte mich eines Tages ein: „Ihr sollt wissen, dass das nicht unbedingt so sein muss", sagte ich. „Für mich waren die Wechseljahre kein Problem." Ich hielt ihre Einstellung für abschreckend – damit bediente sie exakt das Klischee, dass junge Menschen alles haben und wir nur noch jammern können.

Jill ist Krankenschwester. Ihre Tochter hat ihr Studium mit einem Magistertitel abgeschlossen, einen Job auf internationaler Ebene angenommen und macht sich bereits jetzt Sorgen um ihr Aussehen:

Ich sage ihr immer wieder, dass sie hübsch ist und sich keine Sorgen machen muss, und ich weiß, dass ich ihr am besten helfen kann, wenn ich ihr zeige, dass mich mein Älterwerden nicht beunruhigt. Ein bisschen scheinheilig bin ich dabei schon, denn ich liebe es, wenn man mir sagt, dass ich nicht wie 57 aussehe.

2

Das ist alles nur oberflächlich

Ich muss mich jeden Tag körperlich betätigen, um mich wohl zu fühlen. Wenn ich mich körperlich stark fühle, hilft mir das dabei, mich auch in anderen Bereichen nicht einzuschränken.

Lulu

Am liebsten hätte man sich in ihrem Körper vergraben. Verglichen mit ihr sahen diese dürren Fitness-Freaks aus wie Roboter. Sie besaß den wahren menschlichen Körper und war so sexy wie keine andere.

Grace

Wenn ich meine älteren Freundinnen betrachte, finde ich sie wunderschön. Diese Linien um ihre Augen – kein Bildhauer könnte das so darstellen.

Kathleen

Ich versuche mir nicht mehr so viele Gedanken über mein Äußeres zu machen wie früher. Ich gebe mein Geld lieber für eine Reise in die Türkei und nach Griechenland aus als für ein Lifting.

Georgie

Vielleicht muss man sich Mutter Natur nicht widersetzen

Der kulturelle Standard für Schönheit ist so begrenzt, dass wir manchmal glauben, es gäbe nur einen idealen Stil und Typ, der ausschließlich in einer gewissen Altersgruppe vorkommt. Danach scheint es nur noch Spuren davon zu geben. „Sie muss in ihrer Jugend sehr schön gewesen sein", sagen wir und deuten damit an, dass sie es jetzt nicht mehr ist. Penelope erzählt von ihrer Freundin Kaye:

Als ich ihr zum ersten Mal begegnete, sah ich sie an und versuchte mir vorzustellen, wie sie ausgesehen hatte, als sie schön war. Jetzt sehe ich nur sie. Ich musste mich zuerst von dieser in unserer Kultur vorherrschenden Vorstellung befreien, dass man nur schön sein kann, wenn man jung ist. Kaye ist 80, sehr eloquent und gefühlvoll. Sie lacht gern und hat einen wunderschönen Knochenbau. Ihr Gesicht ist nicht von Kummer geprägt. Sie hat immer noch Geistesblitze und handelt danach. Und das zeigt sich.

Penelope versuchte ebenso tolerant mit sich selbst umzugehen:

Ich zeigte mich, so wie ich jetzt bin, zwei meiner Exliebhaber. Sie kannten mich aus der Zeit, in der ich schlank war und genau den Körper hatte, den sie sich damals gewünscht hatten. Bei diesen Treffen fühlte ich mich sehr wohl. Ironischerweise hatten sie kein Pfund zugenommen, aber beide erklärten mir, unabhängig voneinander, dass ich fantastisch aussähe.

Wer will eigentlich behaupten, blond sei schöner als grau? Glatte Haut besser als faltige? Baumelnde Brüste den keck nach oben ragenden unterlegen? Was gibt es an einem gerundeten Bauch auszusetzen?

Das Schönheitsideal in unserer Kultur ist der „unbedrohliche Körper eines jungen Mädchens im Gegensatz zu dem Körper einer Frau“, und das bewirkt, dass Frauen sich ständig damit beschäftigen, ihren Körper zu hassen, sagt Carol H. Munter in einem Interview in *Womens's Health Advocate*. Munter schrieb gemeinsam mit Jane R. Hirschmann das Buch *When Women Stop Hating Their Bodies* und erklärt, dass wir, wenn wir uns ständig über unseren Körper beklagen, den Eindruck verstärken, dass der weibliche Körper niemals ganz akzeptabel ist. Auf diese Weise verbringen wir unsere Zeit mit dem Versuch, unser Aussehen anstatt die Welt zu verändern. „Was würde wohl passieren, wenn alle Frauen auf dieser Welt plötzlich aufhören würden, ihren Körper zu hassen?“, fragt sie oft bei Lesungen ihr Publikum. Und sie erhält die Antwort: „Wir hätten so viel Energie, dass wir die Herrschaft über die ganze Welt übernehmen würden.“

Grace beobachtete eine Bardame in Palm Springs, die sich auffallend gegen die superschlanken Kundinnen abzeichnete:

> *Am liebsten hätte man sich in ihrem Körper vergraben. Sie hatte ausgeprägte Rundungen – eine Matisse-Frau in einer schulterfreien Bluse. Ihr Körper wirkte so einladend, zum Teil auch weil sie so vital und selbstbewusst war. Verglichen mit ihr sahen diese dürren Fitness-Freaks aus wie Roboter. Sie besaß den wahren menschlichen Körper und war so sexy wie keine andere.*
> *Wir sollten uns solche lebensstrotzenden Frauen zum Vorbild nehmen, anstatt ständig Gymnastik zu machen, um uns in unsere Strumpfhosen und Spandex-Shorts zwängen zu können. Wie kommen wir überhaupt dazu, ausgetrocknete, knochige Körper zu verherrlichen und die echten, kräftigen menschlichen Körper mit Entsetzen zu betrachten, als seien sie etwas, das wir straffen, formen und kleiner machen müssten?*

Zumindest versuchen wir eine gesündere Einstellung dazu zu bekommen. Wir sagen uns, dass die Falten und Spuren in unserem Gesicht und an unserem Körper zeigen, dass wir unsere Lebensjahre feiern sollten. Sophie nennt sie „Erfahrungsabzeichen“ und meint:

„Wir sollten so stolz auf sie sein wie auf ein Abzeichen, das wir als Pfadfinderinnen bekamen. Sie beweisen, dass wir eine Menge gelernt haben.“

Kathleen erkennt sich manchmal selbst in ihrer 25-jährigen Tochter wieder:

Ich beobachte sie bei bestimmten Bewegungen oder Blicken und denke mir: „Genau wie ich.“ Aber ich genieße es auch, meine älteren Freundinnen anzuschauen. Unsere Generation isoliert sich nicht von anderen Altersgruppen. Wir gewöhnen uns an die Unterschiede verschiedener Altersklassen. Wenn ich meine älteren Freundinnen betrachte, finde ich sie wunderschön. Diese Linien um ihre Augen – kein Bildhauer könnte das so darstellen.

Diana ist überzeugt, dass alles bei uns selbst beginnt:

Wir müssen endlich die Schönheit älterer Frauen zur Kenntnis nehmen. Seit einiger Zeit nehme ich Augenkontakt zu älteren Frauen auf und mache ihnen stets ein Kompliment. Wir können möglicherweise nichts gegen die Anzeichen des Alterns tun, aber wir müssen sie nicht nur negativ sehen. Ich glaube, wir können viel toleranter mit unserem sich verändernden Köper umgehen, wenn wir ihn nicht nur durch die Augen der Männer sehen.

In ihrem Buch *Der Mythos Schönheit* schreibt Naomi Wolf: „Es gibt nichts Schlimmes am Gesicht oder Körper einer Frau, das eine Veränderung der Gesellschaft nicht heilen könnte.“ Wolf betont, dass Zellulitis früher bei einer erwachsenen Frau als vollkommen normal betrachtet wurde, bis das Magazin *Vogue* dafür die neue Definition „Zustand“ propagierte. Wolf ruft uns dazu auf, „unser älteres Gesicht mit Vorfreude zu erwarten". „Wir müssen nicht unsere Körper verändern, sondern die Regeln", sagt sie.

Glaubst du an Zauberei?

„TS liegt bei uns in der Familie", erzählte Susan bei einem Mutter-Tochter-Picknick. „Tränensäcke", erklärte sie und nahm zum Beweis ihre Sonnenbrille ab. Eine andere der Frauen hob ihre fleckenlosen Hände, um die Wirkung einer neuen Bleichcreme zu zeigen, die sie gerade ausprobierte. Am Tisch nebenan bewies eine Gruppe von 20-Jährigen, dass keine Altersklasse gegen solche Themen immun ist: Eine Jurastudentin von der New Yorker Universität erzählte den anderen von einer Frau aus Manhattan, die ihr regelmäßig Kosmetika zur Behandlung ihrer „Hautveränderungen" schickte.

Lulu surft gern. Viel Sport und Training haben ihr einen starken, festen Körper verliehen, und an ihrem Gesicht lässt sich erkennen, dass sie 50 Jahre in der Sonne verbracht hat. Sie arbeitet fleißig an ihrem Muskeltonus, erklärt jedoch: „Es gibt kein Konditionstraining für das Gesicht."

Stattdessen bietet uns die Kosmetikindustrie Unmengen von Mittelchen an, die uns wieder in Ordnung bringen sollen. Sie werden Anti-Aging- und Antifaltenprodukte genannt und sollen angeblich unsere Haut straff und prall machen und ihr die verlorene Feuchtigkeit wiedergeben. Wir sehen also, die Medien zollen uns Aufmerksamkeit. Sie werden uns wieder mögen, aber zuerst müssen wir unsere Falten loswerden, nicht wahr?

Verlassen Sie sich nicht darauf. Isabella Rosellini war 14 Jahre lang das Gesicht einer bekannten Kosmetiklinie. Mit 42, als sie begann, älter auszusehen, wurde sie gefeuert – eine erwachsene, bezaubernde Frau, die jedoch offensichtlich nicht mehr gut genug war, um den Verkauf von Gesichtscremes zu fördern. Die Kunden des Herstellers mögen sich gefragt haben, warum sie Geld für die Anti-Aging-Produkte ausgeben sollten, die das fein geschnittene

Gesicht von Isabella nicht jung erhalten konnten. Sie vermarkteten ihre Produkte jedoch weiterhin, ebenso wie Isabella, die sich rächte, indem sie ihre eigenen Produkte entwickelte und sie von Modellen aller Altersschichten – einschließlich einer 60-Jährigen – vorführen ließ.

Überall werden reihenweise Anti-Aging-Produkte angeboten. Die Hersteller nennen sie nicht mehr Feuchtigkeitscremes oder Gesichtswasser, sondern Antifaltencremes, Skin Enhancer oder Lippenverstärker. Unsere Mütter setzten sich an ihren Toilettentisch und trugen abends einfache Feuchtigkeitscreme und morgens lediglich Lanolin auf, aber wir haben Anti-Aging-Seren, spezielle Feuchtigkeitscremes mit „straffenden Inhaltsstoffen", Faltenreduzierer, glättende Augencremes und Falten vermindernde Gels. Die Massenmedien, die so lange jeden über 50 ignorierten, wollen uns nun um jeden Preis Produkte verkaufen, die das Altern „bekämpfen" sollen. Sie spüren unsere Panik und feuern uns an, das Älterwerden mit Elasthan, Bügel-BHs und magischen Cremes aufzuhalten.

Wenn wir schon die wahre Jugend verloren haben, so können sie uns wenigstens den Begriff „jugendlich" verkaufen. Eine Studie zeigte, dass der Gedanke ans Älterwerden einen von sechs Amerikanern deprimiert. Diese Zahl stammt aus einer Meinungsumfrage des Gallup-Instituts, die von einer Kosmetikfirma in Auftrag gegeben wurde. Diese Firma vertreibt – was wohl? – Anti-Aging-Cremes. Jede dritte Frau sagte, sie würde alles tun, um länger jung auszusehen; die Frauen glaubten, dass alt out sei und dem Alter zu trotzen in. Einige setzen sich dagegen zur Wehr, wie Sissy, eine ehemalige Tänzerin:

Natürlich vermisse ich es, wegen meiner Schönheit begehrt zu werden. Das war mein Mittel der Macht. Andererseits bin ich froh, dass das nicht mein Leben beherrscht. Ich lebe in L. A. und habe über eine Schauspielerin gelesen, von der ich mir sicher war, dass sie dem Druck nicht nachgeben würde. Jetzt hat sie sich das Gesicht liften lassen. Du denkst auch an so etwas, weil es anscheinend alle tun. Die körperlichen Veränderungen sind nicht leicht zu ertragen, aber dann beobachte ich meine 20-jährige Tochter, die sich jetzt schon grämt, weil sie keine hautengen Sachen tragen kann. Ich hatte früher sehr schöne, sexy Arme; jetzt bedecke ich sie, weil sie meiner Meinung nach nicht mehr attraktiv sind. Doch wenn es draußen über 40 Grad hat, denke ich mir: „Was soll's?" Vielleicht wird es mir in ein paar Jahren nichts mehr ausmachen. Möglich wäre es.

Man erwartet von uns, dass uns keine Alltagsgesichter gefallen, sondern Gesichter, wie Models sie haben. So haben wir jedoch nie ausgesehen, selbst dann nicht, als wir noch so jung und dünn waren. Würden wir uns öfter echte Gesichter anschauen, die nicht mit digitalen oder Airbrush-Techniken verschönert wurden, könnten wir uns leichter an diese kleinen Ausbuchtungen gewöhnen, die unser Kinn nicht mehr so straff aussehen lassen – irgendwann geschieht das mit jedem Gesicht. Lulu, die früher in L. A. lebte, meint dazu:

Als ich zum ersten Mal im Spiegel diese Linien entdeckte, dachte ich: ‚Du bist alt.' Doch nach einigen Jahren hatte ich mich daran gewöhnt. Man stellt sich darauf ein.

Hüften schwenkende Mamas

Irgendwie erinnert es an Stammeszugehörigkeit, wenn sich eine Gruppe tapferer Frauen in Trikots und Leggings am frühen Morgen zur Gymnastik trifft. Wenn du an einem morgendlichen Aerobic-Kurs teilnimmst, musst du dich nicht fein anziehen oder frisieren. Du putzt dir einfach die Zähne und gehst los. Viele Leute beklagen sich über Gymnastikübungen, so als wären sie eine Strafe oder Buße, von irgendjemandem auferlegt, und würden in ihrem Ergebnis von zahlreichen Betrachtern bewertet und streng benotet werden. Wenn man vernünftig an die Sache herangehen will, sollte man Sport jedoch für sich selbst treiben. Wie man sich dann fühlt und sein eigenes Aussehen beurteilt, ist die Belohnung dafür, und nicht die Ansicht eines wankelmütigen Kritikers, der nur bestimmte weibliche Körperteile betrachtet. Iris sagt:

> *Ich würde nicht so viel Zeit mit meinen Übungen für Männer verbringen, die mich ohnehin nicht mehr anschauen. Ich konzentriere mich jetzt nicht mehr darauf, wie mein Po aussieht, sondern bemühe mich, meine Muskulatur zu stärken und kräftiger zu werden.*

Wenn wir bedenken, wie sehr wir auf unseren Körper angewiesen sind, um unseren Alltag zu bewältigen, dann erscheint es sehr sinnvoll, unsere „persönliche Maschine" etwa eine Stunde pro Tag zu ölen und die Teile zu warten. Denken Sie daran, wenn Sie mit Ihrem alten Sweatshirt in einem kalten Wagen zum Fitnessstudio fahren. Denken Sie an all die Dinge, die Sie an diesem Tag Ihrem Körper noch abverlangen werden. Am Computer sitzen, ohne Ihren Nacken, Ihre Handgelenke und Schultern zu stark zu belasten; den Kopf hochhalten; Stress verringern und ohne Schmerzen in den Hüften laufen. Ohne Anstrengung in die Hose schlüpfen, sich bücken und Babys und Haustiere aufheben, ohne dabei das Gesicht zu verziehen.

Außerdem verbessert Sport die Durchblutung, senkt den Blutdruck, verhilft dem Gewebe zu mehr Sauerstoff und verringert das Risiko von Herzkrankheiten und Krebs. Warum sollten Sie also keine Gymnastik machen? Solange man sich noch bewegen kann, sollte man mit dem alten Körper arbeiten. Im Fitnesscenter gibt es alle möglichen Figuren zu sehen. Echte Körper aller Altersstufen und Formen, mit unterschiedlichsten Bewegungen. Das Fitnessstudio und die Umkleidekabine sind hervorragende Gleichmacher.

In Amerika gibt es das ungeschriebene Gesetz, dass nur knackige Körper zur Schau gestellt werden dürfen. Das gilt jedoch nicht überall. Kinder, die mit ihren Müttern und Tanten an den Strand und in Parks gehen und sehen, wie die Frauen in der Sonne ihre Tops ausziehen, scheinen später eine gesündere Einstellung zur weiblichen Brust zu haben. Marlene besucht regelmäßig ihre Heimat Deutschland und begrüßt den dortigen gesunden Mangel an Schamgefühl:

Die Deutschen scheinen sich mit ihrem Körper und Mutter Natur viel wohler zu fühlen. Die Leute kichern nicht, wenn sie jemanden oben ohne in der Sonne liegen sehen. Sie sagen nicht: „Die sollte eine Diät machen" oder „Sieh dir mal diese Wampe an." Sogar die Filmstars sehen nicht so perfekt aus wie bei uns. Ich glaube, die Deutschen bewundern ältere Gesichter wegen des Charakters und der Erfahrung, die man erkennen kann – Gesichter, die zeigen, dass du gelebt hast, immer noch hier bist und lächeln kannst.

In den mittleren Jahren wird man sich sehr deutlich seiner Oberarme bewusst. Möglicherweise schaffen Sie es nicht, durch Gymnastik Ihre Brüste anzuheben, aber Sie können Ihre Armmuskeln trainieren. Mit starken Armen können Sie nicht nur in einem ärmellosen Kleid unter einem Sonnenschirm an einem Tisch sitzen, sondern auch erstaunliche Dinge bewerkstelligen. Robin ist in ihren Fünfzigern und hat durch ihr Training jetzt muskulösere Arme als mit 35 und 45. Gerade rechtzeitig, um ihre zwei Enkel herumtragen zu können:

Ich fasste den Entschluss, mit zunehmendem Alter nicht schwächer zu werden. Mein Partner ist sehr aktiv und hält sich gern im Freien auf. Wir genießen es, zusammen zu campen, zu wandern und Kajak zu fahren. Er interessiert sich sehr für Botanik und ich verstehe nur wenig vom Beobachten von Vögeln. Es ist mir also sehr wichtig, nicht an Kraft zu verlieren. Ich mache Yoga und dafür braucht man erstaunlich viel Kraft. Ich betrachte mich immer noch als Anfängerin, aber ich versuche mindestens drei- oder viermal die Woche fünf Kilometer zu laufen. Und ich habe mir zwei acht Pfund schwere Hanteln gekauft, mit denen ich morgens trainiere.

Sara lernte mit Ende 40 Inlineskating und Kajakfahren:

Ich wiege nicht weniger und mein Bauch wird wohl nie wieder so flach werden, wie er einmal war, aber ich habe jetzt wieder Freude daran, mich körperlich zu betätigen.

Eine starke, gesunde Frau ist in jedem Alter ein herrliches Geschöpf – das werden auch Sie letztendlich im Fitnessstudio herausfinden. Ein starker Körper ist attraktiv und noch dazu sehr nützlich. Miriam E. Nelson berichtet in ihrem Buch *Starke Frauen bleiben jung*, dass sich bei Frauen mittleren Alters, die ein Jahr lang zweimal die Woche Krafttraining machen, Knochenschwund verringert. Sie entwickeln eine Kraft, die sie in jungen Jahren nicht hatten, und freuen sich über ihren Körper, der zehn bis 15 Jahre jünger aussieht und sich auch so anfühlt. Die Tufts University führte eine Studie über 50 bis 70 Jahre alte Frauen durch, die einer vorwiegend sitzenden Tätigkeit nachgingen und nun zweimal wöchentlich jeweils 45 Minuten lang Krafttraining machten. Nach einem Jahr waren 75 Prozent der Frauen kräftiger als zuvor, hatten etwa drei Pfund Muskelmasse gewonnen und Fett verloren. Das *National Institutes of Health* bezeichnet sportliche Betätigung als die wirksamste Anti-Aging-Pille, und es gibt so viele verschiedene Möglichkeiten, zu trainieren, dass wir uns nicht länger darüber beschweren können, es sei langweilig. Georgie, die sich kleidet wie eine Rodeo-Queen, hat sich für Rollerblade-Aerobics entschieden, „weil das die einzige Sportart ist, bei der ich meinen Schmuck tragen kann." Faye, die Stewardess, macht Yoga:

Ich schaue mich im Spiegel an und denke: „Oh, Gott!" Dann mache ich zwei Kopfstände. Es ist erstaunlich, was Atmung und Bewegung bewirken können. Es hilft mir auch, mich umzudrehen – im übertragenen und wörtlichen Sinn – und eine neue Perspektive zu finden. Wenn ich niedergeschlagen bin, kann ich meine Stimmung ins Gegenteil verkehren. Für den Rest des Tages fühle ich mich viel leichter.

Jeanne macht Tai Chi. Das hilft ihr nicht nur gegen ihre Arthritis, sondern auch bei vielem anderen:

> *Tai Chi ist so kompliziert, dass du nebenher nicht an die Arbeit auf deinem Schreibtisch oder an andere unerledigte Dinge denken kannst. Ich bin mir nicht sicher, inwieweit man es mir ansieht. Ich glaube, ich habe jetzt eine andere Körperhaltung und ein stärkeres Körperbewusstsein entwickelt. Ich bin kräftiger und meine Durchblutung ist besser. Wenn ich um sechs Uhr von der Arbeit komme, sehne ich mich nach einem Glas Wein mit meiner Katze auf dem Schoß. Aber ich gehe zum Tai-Chi-Kurs, und eineinhalb Stunden später fühle ich mich wieder fit.*

Sportliche Übungen sind auch eine prima Methode, um Hitzewallungen zu überstehen, da du schon weißt, wie es ist, ein rotes Gesicht und strähniges Haar zu haben. Im Fitnesscenter tanzen wir und wirbeln herum, auch wenn es sich nur um die alte, immer gleiche Schrittfolge handelt – Kick, Sternschritt, Drehung –, und wir dabei „Love Train" mitsingen.

Kate sagt, Frauen können ewig tanzen:

> *Die meisten Männer erleben nur zehn gute Tänze in ihrem Leben, dann erklären sie bis zum Ende ihrer Tage, sie könnten nur tanzen, wenn sie beschwipst sind. In diesem Zustand kommen sie allerdings ständig aus dem Takt. Wir vermissen das, aber im Fitnesscenter können wir immer mit oder zumindest neben jemandem tanzen.*

Bewegung ist auch gut für das Gehirn. Wie die Fitnessexpertin und Autorin Jan Todd im Magazin *Health* erklärt, haben Untersuchungen gezeigt, dass Joggen, andere körperlich fordernde Übungen und mentales Training das Wachstum neuer Nervenzellen im Gehirn fördern, während sie ebenfalls das Leben vorhandener Gehirnzellen verlängern. Wir bilden also neue Lern- und Gedächtniszellen im Gehirn. Gleichzeitig entwickeln wir wohlgeformte, kräftige Arme und senken das Herzinfarktrisiko.

Es gibt noch einen weiteren Vorteil, wenn man aus dem warmen Bett kriecht und sich in ein kaltes Fitnessstudio begibt. Eine Studie über Frauen, die Krafttraining machen, hat eine Korrelation zwischen muskulösen Körpern und Selbstbewusstsein im Allgemeinen gezeigt. Ein schwacher Körper führt oft zu Ängstlichkeit. Wenn Frauen sich jedoch wohl in ihrem Körper fühlen – in Bezug auf seine Funktionsfähigkeit –, treten sie in anderen Lebensbereichen weniger zögerlich und mehr von sich selbst überzeugt auf. Selbst Elizabeth Cady Stanton und andere Suffragetten forderten Frauen dazu auf, sozusagen ihre Muskeln spielen zu lassen, da körperlich starke Frauen seltener als kindlich und abhängig angesehen wurden.

Körperlich stark ist nicht unbedingt gleichzusetzen mit dünn. Diana nimmt im Moment zu:

> *Ich mag es, Platz in Anspruch zu nehmen und im Bett zu liegen und meinen Bauch zu spüren. Eine meiner Freundinnen, die ebenfalls zugenommen hat, erzählte mir, es gefalle ihr, dass Leute ihr ausweichen müssen. Hätte ich einen festen Partner, würde ich wahrscheinlich versuchen ein bisschen abzunehmen, und ich möchte natürlich auch nicht, dass Aufstehen und Laufen mir Probleme bereiten. Aber mein Körper soll so sein, wie er sein möchte. Ich fühle mich stabiler und habe eine stärkere Präsenz.*

Wem gehören eigentlich diese Brüste?

In unserer Kultur sehen wir nackte Brüste üblicherweise in idealisierter Form – natürlich gerundet und aufrecht oder mit Implantaten perfektioniert. Filmschauspielerinnen haben Brustdoubles und machen uns damit glauben, ihre Brüste seien perfekt. Daher haben wir alle eine unrealistische Vorstellung vom Brust-standard. Carolyn Latteier interviewte Frauen für ihr Buch *Breasts, the Women's Perspective on an American Obsession* und fast alle gaben zu, mit ihren Brüsten unzufrieden zu sein: „Die Medien vermitteln ganz deutlich das Bild, dass die beste Brust, so wie sie sein sollte, eine jugendliche Brust ist. Die Brustwarze ist zart und glatt, nicht verformt und dick wie bei Frauen, die gestillt haben oder ihre Jugend bereits hinter sich gelassen haben. In der Realität sind Brüste so unterschiedlich wie Gesichter und es ist das Geheimnis jeder Frau, dass ihre eigenen anders aussehen."

Die Frau in den mittleren Jahren sieht, im wahrsten Sinne des Wortes, auf ihre Brüste herab, da auch ein Bügel-BH der Schwerkraft nicht gewachsen ist. „Mit 45 solltest du den Bleistifttest nicht einmal mehr versuchen", meint Sydney.

Sara sagt, wenn man endlich alt genug ist, um sich an seine Brüste und ihre Größe zu gewöhnen, beginnt man, sich Sorgen um die Gesundheit zu machen:

> *Ich kenne so viele Frauen meines Alters, die Brustkrebs haben, dass ich allmählich glaube, es ist eine bereits vorprogrammierte Sache, dass ich ihn auch bekomme. Ich passe sehr gut auf, um notfalls so schnell wie möglich eingreifen zu können. Jedes Mal, wenn ich höre, dass eine andere Frau Brustkrebs hat, taste ich mich automatisch nach Knoten ab.*

Patsy hat sich nach einer beidseitigen Mastektomie für einen Brustwiederaufbau entschieden:

> *Ich hatte wunderschöne Brüste. Ein nettes Pärchen, wie die Leute zu sagen pflegten. Größe 80 D. Für mich war es wie eine Art Abenteuer, als sie entfernt wurden. Erstaunlicherweise vermisste ich meine Brüste nicht sehr. Ich fühlte mich beinahe so wie ein junges Mädchen, bei dem gerade die ersten Knospen gewachsen sind. Dann habe ich mir Implantate einsetzen lassen, weil ich immer sehr stolz auf meine Brüste war – sie waren Teil meiner Schönheit. Als ich erfuhr, dass ich sie verlieren würde, wurde ich so wütend, dass ich mein Make-up und meinen Lippenstift auf den Boden warf.*

Dann bekam ich meine ersten Implantate und fand sie großartig, doch mit zunehmendem Alter sind sie mir irgendwie im Weg. Alles an meinem Körper verändert sich, nur meine Brüste stehen stramm wie zwei Soldaten.

Die nächste Welle

In Lulus Wohnzimmer steht ein Billardtisch, ihre Betten sind mit schwarzer Satinwäsche bezogen und sie trägt eine Unterwasserarmbanduhr, auf der Delfine abgebildet sind:

Mit 16 stellte ich mir unter einer 50-Jährigen eine Oma in altem Kleid und Schürze vor, die in der Küche arbeitet, keine Spaziergänge macht oder sich sonst irgendwie körperlich betätigt. Ich schätze, unsere Kinder werden durch uns eine andere Vorstellung von diesem Alter bekommen. Ich surfe mit den Freunden meines 17-jährigen Sohns, und denen macht es großen Spaß, ihm zu erzählen, sie seien mit seiner Mutter beim Surfen gewesen.

Lulu fing mit 49 nach 30 Jahren wieder an, regelmäßig zu surfen:

Ich arbeitete in einem Restaurant und eines Tages kam eine der Kellnerinnen vom Surfen zurück und erzählte mir, dort draußen wären Delfine. Mein erster Gedanke war: „Ich bin zu alt und das Wasser ist zu kalt", doch dann schnappte ich mir das Board meines Chefs und ging los. Surfen ist eine kosmische Erfahrung. Die Delfine kommen herbei, um mit dir zu spielen. Einmal befanden sich sieben neben mir und vier sprangen vor mir in die Luft. Die Leute sagen, sie wüssten genau, wann ich beim Surfen war, denn ich sei danach immer so glücklich und ausgeglichen. Jetzt bin ich nach Hawaii gezogen, weil dort die Wellen besser sind. Für mich ist Surfen etwas, das man in jedem Alter tun kann. Natürlich gehe ich es etwas vorsichtiger an – man kann sich

verletzen. Als ich 52 war, drehte sich das Board und prallte gegen meinen Brustkorb. Dabei habe ich mir das Herz gequetscht und konnte sechs Wochen lang nicht surfen.
Mein Vater war immer ein Sport-Freak und ich habe auch das Bedürfnis, jeden Tag etwas für meinen Körper zu tun, um mich wohl zu fühlen. Vor dem Surfen waren es Joggen, Eishockey und Boxen. Ich glaube, dass meine physische Stärke dazu führt, dass ich mich auch in anderen Bereichen nicht einschränke. Seit einiger Zeit arbeite ich mental an meiner Angst vor großen Wellen und ich bin fest entschlossen, sie zu besiegen. Ich strenge mich sehr an, um mit verschiedenen Situationen gut zurechtzukommen – egal ob es sich um eine starke Brandung handelt, ich allein zu einer Party gehe oder einen Vortrag vor vielen Menschen halten muss.

Wir haben immer noch die Wahl

Zu Beginn des 21. Jahrhunderts führten die Schönheitschirurgen etwa 700.000 Operationen im Jahr durch, 70 Prozent mehr als zu Beginn der 1990er-Jahre. Babyboomer, die einen Marktanteil von 40 Prozent stellen, ließen sich hauptsächlich die Augenlider straffen und Fettabsaugungen vornehmen. Frauen und Männer über 50 entschieden sich in erster Linie für eine kosmetische Operation zur Korrektur von Schlupflidern und zum Entfernen von Tränensäcken. Natürlich konnte man sich auch die Haut am Hals straffen oder die Stirn auf eine bestimmte Art „einfrieren“ lassen, sodass es nicht mehr möglich war, sie zu runzeln. Selbst die „überflüssige“ Haut (wie manche sie nennen), die an den Oberarmen hängt, konnte abgeschnitten und vernäht werden. Die Generation, die mit viel mehr Möglichkeiten aufwuchs als die Frauen vor ihr, musste sich über solche Entscheidungen wesentlich mehr Gedanken machen.

Erica lebt in Südflorida und ist ständig mit Plakattafeln und TV-Werbespots konfrontiert. Trotzdem ist sie erstaunt, dass sie diesen Weg eingeschlagen hat:

Ich mache nicht viel Aufhebens um mein Haar oder Make-up, und ich war nie wirklich eitel, aber ich will gut aussehen. So gut, wie ich es in meinem Alter kann.
Mit 59 habe ich mir die Brust verkleinern lassen. Ich spiele oft Tennis und hatte starke Schmerzen im Schulter- und Rückenbereich. Mein Arzt war der Ansicht, sie würden sich durch eine Brustverkleinerung lindern lassen. Ich konnte mich nicht sofort dazu entschließen. Irgendwie fühlte ich mich ein bisschen schuldig, weil zur gleichen Zeit eine meiner Freundinnen an Brustkrebs erkrankte und mein Wunsch so dumm und eitel schien im Vergleich zu jemandem, der ein so großes Problem hatte. Meine Familie überredete mich jedoch, es für meinen Rücken zu tun. Als ich dann den Termin bei einem Chirurgen hatte, fragte ich ihn, was man gegen die schlaffe Haut an meinem Bauch tun könnte. Schließlich ließ ich mir auch den Bauch straffen. Ich hatte zwar nicht mit einer so langen Narbe von einer Hüfte zur anderen gerechnet, aber ich bin trotzdem froh, dass ich mich dafür entschieden habe. Am besten an der Sache ist jedoch, dass sich meine BH-Größe von 80 D auf 80 C verringert hat und ich keine Rückenschmerzen mehr habe. Außerdem muss ich keine funktionellen Spezialbüstenhalter mehr tragen. Ich kann sogar ganz auf einen BH verzichten.
Ein Jahr nach der Operation ließ ich mir meine Augenlider anheben und dabei entschied ich mich auch für eine Straffung der Haut am Hals und am Kinn. Mein Arzt und ich bemühten uns, mich für meine 51 Jahre so gut wie möglich aussehen zu lassen, ohne dass ich zu einer anderen Person wurde. Ich finde, ich sehe jetzt viel besser aus, aber keine der Veränderungen sticht den Leuten sofort ins Auge – mein Kinn hat eine schönere Kontur und straffere Haut und meine Augen sind größer und wirken nicht mehr müde. Ich bin mir nicht sicher, wie sich meine

Entscheidung auf meine Töchter auswirken wird. Eine von ihnen hatte in jüngeren Jahren eine Essstörung und ist sehr auf ihr Äußeres bedacht. Die andere ist mit sich sehr zufrieden. Wir leben in einem Teil des Landes, wo man sehr körperbewusst ist. Meine Töchter kennen viele Frauen, die sich einer Schönheitsoperation unterzogen haben – dazu gehören ihre Freundinnen und deren Mütter. Meistens geht es um Brustimplantate und Nasenoperationen.

Die Kundenberaterin Rose lebt in Seattle auf der anderen Seite des Landes. Sie sagt, sie fühlt sich, als hätte sie den Coup des Jahrhunderts gelandet. Als sie mit 43 in den Nordwesten zog, stellte sie fest, dass die meisten Leute, mit denen sie Umgang hatte, vier bis zwölf Jahre jünger waren als sie:

Die meisten Leute lernte ich durch meinen dreijährigen Sohn kennen, und da ich ihn erst sehr spät bekommen hatte, war das unvermeidlich. Als ich 50 wurde, bekam ich Falten und hasste es, in den Spiegel zu schauen. Ich war sehr aktiv – Tennis, Yoga, Wandern –, also fühlte ich mich wie 40, sah aber aus wie 50. Ich suchte einen Arzt auf, den mir eine Freundin empfohlen hatte. Er erklärte mir, mein Problem wären hauptsächlich die Fettpolster, die in meinen Wangen abgesunken wären. Die Idee, diese Pölsterchen wieder nach oben auf die Wangenknochen zu verlagern, gefiel mir. Ich beschloss auch, meine Stirn glätten und einige Augenfältchen mit Laser entfernen zu lassen. Er sagte mir, das würde mein Aussehen nicht drastisch verändern – ich würde wirken, als hätte ich einen Erholungsurlaub hinter mir. Und im Grunde genommen war es auch so. Jetzt sehe ich nicht mehr aus wie 51, sondern eher wie 41.
Es war mir wichtig, dass es geheim blieb. Wenn die Leute es erfuhren, so dachte ich, würde das den Zweck der Sache – zehn Jahre jünger auszusehen – verfehlen. Ich wollte, dass die Leute mich anschauen und mich für eine gut aussehende 41-Jährige halten. Die Operation plante ich für den Sommer. Meinen

Freunden sagte ich, ich würde für zwei Wochen verreisen, und meine Kinder schickte ich in ein Ferienlager. Die Einzigen, die Bescheid wussten, waren mein Mann und meine Mutter, die mir half, alles zu finanzieren, und die sich um mich kümmerte. Meine Mutter fand das wohl beängstigend, aber jetzt denkt sie darüber nach, sich die Augenlider korrigieren zu lassen.
Ich hatte zwei Monate Zeit, bevor ich mich wieder unter Leute begab. Und niemand bemerkte etwas. Wahrscheinlich sah ich genauso aus wie früher und die Leute hatten einfach vergessen, dass ich schon schlaffe Wangen und Augenfältchen bekommen hatte.

Georgie hatte die gleichen Pläne. Sie verkaufte ihr Auto, um das Geld dafür aufzutreiben, nahm ihren Urlaub, um sich in dieser Zeit von der Operation erholen zu können, und bat zwei Freundinnen, ihr Essen und Bücher zu bringen und die Sache geheim zu halten. Zwei Tage vor dem geplanten Facelifting kamen Georgie jedoch plötzlich Bedenken:

Mein Chirurg ließ vor der Operation ein EKG machen und es zeigte sich eine Art Arrhythmie – möglicherweise hatte ich sogar ein Problem mit den Herzklappen. Sowohl mein Chirurg als auch mein Hausarzt meinten, ich könnte die Operation trotzdem durchführen lassen – ein unregelmäßiger Herzschlag sei nichts Ungewöhnliches. Für mich war die Sache jedoch damit erledigt. Das EKG sagte mir, dass ich riskieren könnte, zu sterben – und das nur für ein neues Gesicht. Nachdem ich den Termin storniert hatte, traf ich eine alte Freundin, die sich hatte liften lassen. Sie wirkte fremd, ganz anders, als ich sie in Erinnerung hatte. Das bestärkte mich in meiner Entscheidung, denn ich will nicht aussehen wie jemand anders. Jetzt versuche ich mich daran zu erinnern, warum ich das für nötig gehalten hatte. Früher ging ich zu einem Arzt, um mir Collagen gegen meine Fältchen spritzen zu lassen. Beim letzten Termin leuchtete er mir mit einer grellen Lampe auf den Hals, zupfte an der Haut und sagte: „Um das zu reparieren, brauchen Sie mehr als Collagen." Dann war ich zu einer Hochzeit eingeladen und dieser Typ erklärte mir, dass ich mich liften lassen sollte, falls ich noch jemals ein Date haben wollte. Wahrscheinlich verhielt er sich deshalb so gehässig, weil ich ihm einmal einen Korb gegeben hatte. Ich versuche jetzt, mir nicht mehr so viele Sorgen um mein Aussehen zu machen. Ich gebe mein Geld lieber für eine Reise in die Türkei und nach Griechenland aus als für ein Lifting.

Das Recht, sich die Haare zu färben

Die Schriftstellerin Carolyn Heilbrun trägt ihr graues Haar zu einem Knoten gebunden. Sie erklärte jedoch der Interviewerin Kate Mulligan, dass sie den Wunsch anderer Frauen nach Veränderung verstehe.

„Du betrittst einen Wald, in dem noch niemand gewesen ist, und dort lauern Gefahren. Wenn du dich also tarnen willst, dann färbe dir die Haare."

Sam arbeitet für ein Unternehmen in Boston und färbt ihr Haar braun:

Als ich 50 wurde, dachte ich darüber nach, wie ich mich jetzt kleiden und mein Haar tragen sollte. Eine Zeit lang versuchte ich es mit blond, aber dann befürchtete ich, damit zu wirken, als würde ich verzweifelt jünger aussehen wollen – wie in dem Sprichwort von dem Schaf, das sich als Lamm verkleidet. Ich will nicht mit langen blonden Haaren herumlaufen und wenn ich mich umdrehe, ein faltiges Gesicht präsentieren.

Marylu trägt ihr Haar vorne aschblond und hinten braun. Sie bat ihren Friseur um etwas Besonderes:

Ich wollte, dass es richtig falsch aussieht, offensichtlich gefärbt. Gewollt übertrieben. Rebellisch. Aber nicht so wie die Strähnchen, die meine Kinder sich machen lassen.

Teresa streicht sich über die goldblonden Locken und erzählt, dass sie ihr Haar färbte, um wieder Mut zu schöpfen, nachdem sie sich zehn Jahre lang mit dem Tod hatte auseinander setzen müssen. Ihr Sohn war an Aids gestorben und ihre Eltern an Alzheimer und Krebs:

Nach vier Jahre mit meinem aidskranken Sohn war ich komplett grau. Mein Haar war grau, mein Gesicht war grau. Ich wollte wieder Farbe. Leben.

Teresa hat sich außerdem eine Perücke besorgt, die sie aufsetzt, wenn sie sich mit ihren Schwestern aus Texas trifft, mit ihnen in die nächstgelegene Karaoke-Bar geht und dort mit ihnen ihr Tanz- und Gesangsprogramm vorführt.

Patricia ist auf dem Weg nach Pakistan, wo sie als Krankenschwester in einem Flüchtlingslager arbeiten wird. Sie zieht in Erwägung, ihr langes, schwarz gefärbtes Haar grau werden zu lassen, während sie sich im Ausland aufhält, da sie es aus Respekt vor der dort herrschenden muslimischen Tradition ohnehin bedeckt halten muss:

Als sich die ersten grauen Strähnen zeigten, hoffte ich zuerst auf grau meliertes Haar, aber es sah einfach nur stumpf aus, also färbte ich es. Meine Kinder waren verblüfft, weil ich bisher immer auf eine natürliche Lebensweise geachtet hatte. Vielleicht färbe ich es nicht, während ich im Ausland bin, aber ich würde mir wünschen, dass es dann in einem majestätischen Weiß nachwächst.

Sara lässt sich goldfarbene Strähnchen färben, seit sie in ihren Dreißigern grau geworden ist, aber sie fühlt sich versucht, ihr Haar ganz weiß werden zu lassen, wenn sie auf die 50 zugeht. Doch damit ist die Sache für sie noch nicht erledigt. Nachdem sie bei einem Konzert eine Frau sah, die ihr silbernes Haar mit türkis- und lilafarbenen Strähnchen gefärbt hatte, ist Sara begeistert von der Idee, mit leuchtenden Farben zu experimentieren:

> *Ich finde es großartig, dass eine Frau eine fabelhafte, Aufsehen erregende Frisur tragen kann, die ihr einfach gut steht – das ist viel besser, als einer älteren Person einen jugendlichen Hairstyle zu verpassen. Meiner Meinung nach ist das zu vergleichen mit Schmuck und Kleidung – wir sind ständig auf der Suche danach, was uns steht und uns schmeichelt. Wofür wir uns dann entscheiden, mag manchmal nicht das sein, was uns in einem bestimmten Lebensabschnitt zugeordnet wird.*

Als Aileen ein junges Mädchen war, hatte sie platinblondes Haar, und heute trägt sie eine Silbermähne. Sie dachte nie daran, ihre Haare zu färben, selbst dann nicht, als ihre Tochter sie eines Tages darum bat:

> *Als sich bei mir die ersten grauen Haare zeigten, war meine Tochter noch sehr jung. Sie sagte: „Ich will keine grauhaarige Mama", und ich erwiderte: „Tut mir Leid, aber genau das wird auch mit dir geschehen." In meinen Vierzigern wurde ich richtig grau, aber allen gefiel das so gut, dass ich keine Veranlassung dazu sah, etwas daran zu ändern. Einige Männer sagten mir, sie fänden mein Haar wunderschön, und in den Damentoiletten bewunderten Frauen meinen Mut zu grauem Haar. Für mich ist das ein Akt des Widerstands. Ich will kein Püppchen für irgendeinen Mann sein. Mein Vater ist damit nicht einverstanden. Seine Frauen haben sich alle die Haare gefärbt.*

Als Robertas Haare grau wurden, fand sie, dass sie damit in ihrem Job als Kundenberaterin professioneller wirkte:

Mein Gesicht sah schon immer sehr jung aus und ein paar graue Strähnen verhalfen mir zu mehr Glaubwürdigkeit. Jetzt färbe ich meine Haare. Eine Weile fand ich das gut, doch dann bekam ich Falten im Gesicht und das Haar passte nicht mehr dazu. Vielleicht werde ich meine Haare grau wachsen lassen, wenn ich 60 bin.

3

Und jetzt zur Menopause

Ich verspüre manchmal immer noch einen Stich und glaube, dass ich meinen Eisprung habe. Dann stelle ich mir vor, dass sich das Ei dort drin mit einer Gehhilfe fortbewegt und fragt: „Sind die anderen alle schon in den Bus eingestiegen?“

Jeanne

Mein Arzt sagte: „Betrachten Sie die Sache einfach so – Ihre Gebärmutter liegt im Sterben.“

Penelope

Ich bin mir nicht sicher, ob wir den Hormonen die Schuld an all unseren Frustrationen geben können. Es ist schwer zu unterscheiden, was auf die Menopause zurückzuführen ist und was einfach zu dieser Zeit gehört, in der wir leben.

Barbara

Es brennt

Eine Hitzewallung dauert im Durchschnitt drei Minuten. In einigen Abhandlungen wird das als „nur" drei Minuten bagatellisiert. Drei Minuten können in etlichen Bereichen eine Ewigkeit dauern: drei Minuten mit einer Fledermaus auf dem Speicher. Drei Minuten, die man in einem Fahrstuhl festsitzt.

Einige Frauen berichten von 20 Hitzewallungen am Tag. Das kann eine ganze Stunde bedeuten, in der man in Flammen steht und das Herz so heftig pocht, dass man befürchtet, es würde zerspringen. Bisher ist jedoch noch niemand daran gestorben. Eine Hitzewelle lässt sich mit einer Wehe vergleichen – du weißt, woher sie kommt, dass sie bald vorüber sein wird und dir keinen ernsthaften Schaden zufügt. Also kannst du ihr als Mitwirkende und nicht als hilfloses Opfer begegnen. Allerdings gibt es im Gegensatz zu einer Wehe anschließend nichts Großartiges vorzuzeigen, außer vielleicht einer nassen Bluse und einer gesunden Gesichtsfarbe.

Auch wenn einige Frauen Hitzewallungen beschreiben wie einen Fieberanfall bei einer tropischen Krankheit, so sind sie im Allgemeinen hauptsächlich unangenehm und lästig. Sie stören, aber sie gehen vorüber. Helen hat gemischte Gefühle:

An guten Tagen empfinde ich Hitzewallungen als eine Art Reinigung. An anderen ist es mir sehr peinlich, wenn ich plötzlich Schweißausbrüche bekomme.

Rachel erkennt eine gewisse Doppelmoral:

Sportler stören sich nicht daran, wenn die Leute sehen, wie sie schwitzen und einen roten Kopf bekommen. Eine Frau, die rot wird und sich Luft zufächelt, verrät der Welt, dass sie in den Wechseljahren ist. Und das bedeutet, dass sie alt wird. Wir wollen aber nicht, dass man uns als alt ansieht. Würden

Hitzewallungen mit einem Eisprung in Verbindung gebracht, wären sie sexy.

Hitzewallungen gehören jedoch zur Menopause. Robin versucht eine tiefere Bedeutung zu finden:

Im Sinne von Darwins Thesen sind sie ein Zeichen dafür, dass wir jetzt nutzlos sind, uns nicht mehr fortpflanzen können und dass wir uns wahrscheinlich bald mit einer Menge medizinischer Probleme herumschlagen werden müssen. Wir werden informiert, dass wir eine neue Phase unseres Lebens erreicht haben, und die Wege, die vor uns liegen, machen uns Angst. Negativ gesehen sind wir näher am Ende als zuvor, aber positiv gesehen ist das sehr befreiend.

„Versuchen Sie eine Hitzewelle zu nehmen wie eine Welle beim Schwimmen“, riet die Leiterin eines Workshops über Meditation und Menopause. „Kämpfen Sie nicht dagegen an, sondern erleben Sie sie.“ Die Hypnotherapeutin Cindy bewältigt ihre Hitzewallungen mit Kampfsport, Verzicht auf Koffein, eine Stunde Meditation am Tag und einer natürlichen Progesteroncreme anstelle von Hormonpillen. Sie hält es für möglich, während dieser elektrisierenden Momente Einsichten und Erkenntnisse zu gewinnen. Cindy empfiehlt, eine dieser Hitzewellen mit dem Partner gemeinsam zu erleben, vor allem, wenn es sich um einen Mann handelt, der nichts darüber weiß: „Halte seine Hand und lass ihn deine Energie spüren. Weih ihn in dieses Mysterium ein.“

Natürlich kann man sich mit einer Hitzewallung in die eigenen vier Wänden zurückziehen, aber man kann sie nicht immer steuern. Du könntest gerade vor einer Schulklasse stehen oder mit einem Lektor diskutieren, wenn du plötzlich aussiehst wie ein gekochter Hummer. Wenn wir bei einer Hitzewallung gelassen sagen können: „Oh, Verzeihung“, so als hätten wir einen Schluckauf, dann haben wir es geschafft, die Menopause ins rechte Licht zu rücken. Die meisten Frauen werden nicht aufstehen und verkünden, dass sie gerade eine Hitzewallung haben, aber es gibt bestimmte Codewörter. Jane erzählt:

> *Wenn ich sage: „Wer hat denn die Heizung aufgedreht?“, grinsen die anderen Frauen normalerweise verständnisvoll. Ich habe von einer Hochzeit gehört, bei der die Brautjungfern, aus Rücksicht auf das Alter der Braut, mit batteriebetriebenen Ventilatoren anstelle von Blumensträußen im Mittelgang der Kirche nach vorne schritten.*

Einige Frauen kennen keine Scham. Gretchens Großtante lebte auf einer Farm. Sie pflegte plötzlich vom Herd zurückzutreten, aus der Küche zu laufen, „Hitzewallung“ zu rufen und in den Teich zu springen.

Kate berichtet, dass sie ihre Freundinnen bei Hitzewallungen genau beobachtet hat, bevor es bei ihr so weit war:

> *Karen, meine alte Freundin aus College-Tagen, hatte ihre ersten Hitzewallungen schon sehr früh, mit etwa 45. Sie war nach über 20 Jahren vom Umland nach San Francisco gezogen, nachdem sie sich von ihrem Mann hatte scheiden lassen. Sie war ständig erhitzt, aber an diesem Tag hatte sie keine Schweißausbrüche und wir entspannten uns in einem angesagten Café in South of Market. Sie hatte gerade eine Bemerkung über unseren sexy Kellner gemacht. Vielleicht lag es an ihm oder am Koffein, auf jeden Fall erklärte Karen plötzlich: „Jetzt habe ich eine.“ Ich beugte mich über den Tisch und fühlte ihre Stirn wie eine besorgte Mutter. Sie war kühl, aber als Karen ihre Hände von dem schwarzen Formica-Tisch nahm, hinterließ sie zwei nasse Flecken, die aussahen wie ein Fingerfarbengemälde. „Das ist eine Hitzewallung“, erklärte sie.*

Jede Frau erlebt Hitzewallungen anders. Bei manchen läuft der Schweiß in Strömen, bei anderen wird die Haut nur leicht feucht. Nachtschweiß, diese erdrückende Wärme, die dich im Schlaf überfällt, lässt dich beim Aufwachen glauben, du lägest unter zwei Bettdecken, auf denen ein großer Collie sitzt.

In dem Werk *Das Hormonbuch* erklärt Dr. Susan Love den Ausdruck „Hitzewallungen“ für falsch. Vielmehr gehe es um den Versuch unserer Körper, uns abzukühlen. Ein Abfall des Östrogenspiegels bringt den Kontrollmechanismus der Körpertemperatur vorübergehend außer Kontrolle. Die direkt unter der Haut befindlichen Blutgefäße erweitern sich, lassen mehr Blut an die Haut und verursachen das Erröten. Der Körper reagiert darauf mit Schwitzen, um den Organismus abzukühlen.

Die Einnahme von Östrogen dämpft die Heftigkeit der Hitzewallungen, aber selbst in abgeschwächter Form können sie jahrelang anhalten. Und wenn sie einmal begonnen haben, kannst du sie nicht aufhalten – ebenso wenig wie du vermeiden kannst, während eines Vortrags rote Wangen zu bekommen.

Die meisten Frauen berichten, dass ihre Hitzewallungen in der Mitte des Körpers beginnen und sich langsam über den Oberkörper bis zum Nacken und oft auch bis in die Kopfhaut hinaufziehen. „Ich stelle mir gern vor, dass sie in meine Haarwurzeln fahren, und mir dann eine üppige, lange, lockige Mähne wächst. Oder dass sie mein Gehirn ankurbeln, das dann eine brillante, bisher verborgene Offenbarung hervorbringt“, sagt Kate. Mary ermutigt uns, das Beste aus unseren Hitzewallungen zu machen. „Wenn wir ihnen schon nicht davonlaufen oder sie aufhalten können, warum machen wir dann nicht einfach mit? Es könnte so ähnlich sein, als würden wir uns selbst auf einem LSD-Trip beobachten.“

Kates Tochter bat sie, ihr eine Hitzewallung zu beschreiben:

Ich erklärte ihr, es sei, als erröte dein ganzer Körper, der in diesem Augenblick eine einzige riesige Pore ist, und wenn es vorüber ist, sind deine Ohren immer noch rot. So als sitze man vollständig bekleidet in einer Sauna. Es wird ein wenig überbewertet.

Die heftige Debatte über Hormone

Jeanne beschreibt ihren Zustand während der Menopause:

> *Ich verspüre manchmal immer noch einen Stich und glaube, dass ich meinen Eisprung habe. Dann stelle ich mir vor, dass sich das Ei dort drin mit einer Gehhilfe fortbewegt und fragt: ‚Sind die anderen alle schon in den Bus eingestiegen?'*

Im Alter von 54 kommt ihre Periode nur noch unregelmäßig und sie freut sich bereits auf die Hitzewallungen, „weil mir immer kalt ist und ich wirklich etwas brauche, um mich aufzuwärmen". Jeanne plant, die Menopause ohne hormonelle Hilfsmittel, also den „kalten Entzug" durchzustehen. Sie spricht in der Öffentlichkeit davon und benützt das Wort „Menopause", anstatt einen verstohlenen Euphemismus wie „die Veränderung" zu verwenden. Das zeigt deutlich, dass die Menopause mittlerweile ein Diskussionsthema in der Gesellschaft geworden ist.

„Als ich vor zwölf Jahren zum ersten Mal meine Menopause erwähnte, war das beschämend", erzählt Sedonia. Sie leitete einen Menopause-Kurs für 30 Frauen, die an ihrem letzten Tag durch einen Tunnel aus roten Seidentüchern gingen, um sich von ihrer Periode zu verabschieden. „Wir haben keine Scheu mehr davor."

Zu Beginn des 21. Jahrhunderts machten 40 Millionen amerikanische Frauen ihre Menopause durch und weitere 20 Millionen werden sich in der ersten Dekade des neuen Jahrhunderts zu ihnen gesellen. Wir gehen wahrscheinlich alle verschieden damit um, aber die Menopause ist ein großartiger Gleichmacher. Madonna wird in die Wechseljahre kommen und auch die junge Freundin Ihres Ex.

Früher durchlitten Frauen stumm diese Zeit, aber heute füllt das Thema Menopause in Buchläden etliche Regale. Es gibt Produkte für die Menopause, wie zum Beispiel spezielle Ventilatoren und Nachthemden aus Feuchtigkeit absorbierendem Material, wie man es für Bekleidung zum Langlaufen verwendet, um schwitzen zu können, ohne frieren zu müssen. Manche Frauen hängen in ihren Büros ein Schild mit der Aufschrift „Östrogenfreie Zone“ auf, und die Menopause wird in Sitcoms ebenso oft diskutiert wie PMS. Bei so vielen Diskussionen darüber sollte man glauben, wir wären uns über einige Fakten der Menopause einig geworden, aber die Debatte über die Methoden, wie wir sie uns erleichtern können, ist immer noch im Gang.

Annuscha ist Gesundheitsberaterin. Als sie in die Wechseljahre kam, arbeitete sie mit einem Endokrinologen zusammen und versuchte den „natürlichen“ Weg zu gehen, der auf einer natürlichen Progesteroncreme und einer Anzahl von Vitaminen basierte. Ihre Partnerin Goldy dachte, ihr alter Doktor aus Hippiezeiten würde ihr den gleichen Rat geben, doch stattdessen empfahl er ihr die traditionelle Hormontherapie:

> *Ich befand mich auf einer emotionalen Achterbahn. Total aufgedreht. Ich schnauzte ständig Leute an. Die Hormone halfen mir. Ich konnte die Menschen wieder anlächeln, meine Haut sah besser aus und ich hatte wieder sexuelles Verlangen.*

Annuscha entschied sich auch für Goldys Therapie und jetzt nehmen beide Hormone. Aber sie sind skeptisch. In einer Studie wurde eine Verbindung zwischen Östrogenpräparaten und einem erhöhten Risiko an Brustkrebs aufgezeigt und Annuscha berichtet: „Das hat mich zu Tode erschreckt.“ Sie rief ihre Ärztin an, die ihr sagte, sie sei von dieser Studie nicht überzeugt. Annuscha entschied sich dafür, weiterhin Hormontabletten einzunehmen, aber sie ist wachsam. „Ich halte ständig Ausschau nach Alternativen.“

Goldy ist alles verdächtig, was in den Medien so hochgejubelt wird wie Hormonersatztherapien:

> *Ich habe in der Werbung gearbeitet und weiß, wie leicht es ist, Leute dazu zu bringen, jeden Mist zu kaufen. Du musst dich selbst auf die Suche machen und herausfinden, was das Beste für deinen Körper ist. Du kannst dir allerdings nie sicher sein, auf*

was oder wen du dich verlassen kannst. Ich glaube nicht, dass die Wissenschaft schon so weit ist. Du weißt nie, welche Nebenwirkungen ein Mittel bei dir haben kann, aber wenn es dir dein Leben erleichtert, willst du es natürlich haben. Es ist ein Schuss ins Blaue.

In vielen Veröffentlichungen über die Menopause liest man, dass in einigen Kulturen die Frauen viel weniger Aufhebens davon machen als Amerikanerinnen. Japanerinnen, so liest man, sprechen kaum über die Menopause und haben nicht einmal ein Wort für Hitzewallungen. Gwen ist mit einem Japaner verheiratet und lebte mit ihm 20 Jahre in Japan. Sie sagt, das sei ein Märchen:

Das Wort für Hitzewallung lautet „nobose" und beschreibt eines der Symptome, die man mit „Krankheit während der Menopause" verbindet. Meine japanischen Freundinnen in Japan bestätigen, dass sie Hitzewallungen haben, einige stärker als andere, wie Frauen auf der ganzen Welt, aber lange Zeit wurde es als unschicklich erachtet, sich darüber zu beklagen oder mit jemandem darüber zu sprechen. Von Japanerinnen wurde erwartet, es stillschweigend zu ertragen – ebenso wie es in der amerikanischen Tradition der Fall ist.

Das bedeutendste Ereignis in der Menopause ist das Ausbleiben der Periode, was für uns ein Grund zum Jubeln sein sollte – zum ersten Mal, seit wir 15 sind, können wir nun ohne Bedenken weiße Höschen tragen. Leider sind es die Nebeneffekte des sinkenden Östrogenspiegels, die uns zu schaffen machen – trockene Haut und Haare, Hitzewallungen und verminderte Scheidenflüssigkeit. Dazu kommen Stimmungsschwankungen, Angstzustände, Reizbarkeit, als hätten wir zu viel Kaffee getrunken, Schlaflosigkeit, Kopfschmerzen, Herzrasen, trockene Augen, Schwindelanfälle und einiges mehr. All diese Beschwerden können jedoch gelindert werden und wir sind nicht allein damit.

Nancy ist Krankenschwester und sagt:

Unsere Generation hat das Glück, dass über die Menopause jetzt so offen und respektvoll diskutiert wird. Früher betrachteten die Ärzte die Beschwerden als chronische Krankheit, psychische Störung oder reine Einbildung der Frauen. Natürlich hinderte sie das nicht daran, die Frauen mit Hormonpillen voll zu stopfen oder ihnen die Gebärmutter und Eierstöcke herauszureißen. Und dann äußerten sie ihr Bedauern darüber, dass die Frauen nun verbraucht waren und keine Kinder mehr in die Welt setzen konnten. Ist es ein Wunder, wenn die Frauen damals versuchten zu verheimlichen, dass sie in den Wechseljahren waren?

Auch wenn wir es heute nicht mehr geheim halten, müssen wir es durchmachen, normalerweise im Alter von etwa 51, und es ist nicht immer leicht. Bei den meisten Frauen beginnt der Prozess mit ungefähr 47, wenn der Körper die Östrogenproduktion herunterfährt und damit eine Anzahl von Symptomen bewirkt, die schließlich in der Menopause enden. Etwa 70 Prozent der Frauen erfahren zumindest eines der Symptome, sobald die monatliche Regel ausbleibt. Nach einem Jahr ohne Blutungen kann eine Frau davon ausgehen, sich offiziell in der Menopause zu befinden.

Die gesamte Zeitspanne, die Perimenopause genannt wird und die Jahre vor und während der Menopause umfasst, kann sich jedoch über acht bis zehn Jahre erstrecken. Einige Frauen betrachten die Menopause als unerträgliche Belastung. Andere bringen sie mit Leichtigkeit hinter sich. Viele Frauen, wie Diana, fühlen sich unwohl, wenn sie keine Menstruation mehr haben: „Meine Blutungen waren wie ein alter Freund. Zuerst war es traurig, das aufgeben zu müssen."

Wir erlebten unsere Pubertät auf unterschiedliche Weise – einige mit Pickeln im Gesicht, andere mit scheinbar über Nacht gewachsenen Brüsten – und ebenso individuell sind auch die Symptome der Menopause. Sie können dich völlig aus dem Gleichgewicht bringen – Sydney kennt eine Frau, die sich wegen ihrer Menopause für ein Jahr beurlauben ließ – oder dich nur hin und wieder ein oder zwei Tage beeinträchtigen.

Wir sind uns immer noch nicht einig, wie wir im medizinischen Bereich mit der Menopause umgehen sollen, falls wir überhaupt etwas unternehmen wollen. Vielleicht werden wir nie zu einer Übereinstimmung gelangen. Gesundheitsstudien über die Vor- und Nachteile einer Hormontherapie widersprechen sich oft, und wir versuchen immer noch herauszufinden, ob es ein Medikament gibt, das während der Menopause weniger Probleme schafft, als es verspricht zu beseitigen. Die Ärzte ändern ihre Meinung ebenso wie wir. Vielleicht bist du fest davon überzeugt, nicht mehr als eine Tasse Kräutertee zu brauchen, bis dich die nächtlichen Schweißausbrüche so entkräften, dass du förmlich um Hormontabletten bettelst. Manche Frauen treffen ihre Entscheidung auf einer rein medizinischen Basis, andere auf einer politischen. Man hört ständig Frauen behaupten, sie würden der Natur ihren freien Lauf lassen, doch wenn sie die ersten Haare am Kinn entdecken, entscheiden sich einige dafür, ihre Wahl noch einmal zu überdenken.

Versuchskaninchen?

Das Für und Wider einer Hormonersatztherapie hält die heftigen Diskussionen darüber in Gang. Hormone (Östrogen, üblicherweise kombiniert mit Progesteron, das in der Menopause ebenfalls abnimmt) können einige Wechseljahrsbeschwerden lindern und sie können vielleicht auch den Körper vor ernsthaften gesundheitlichen Problemen in der Zukunft schützen. Andererseits können sie aber auch zusätzliche medizinische Probleme schaffen. Ein Viertel aller Amerikanerinnen im Alter zwischen 45 und 64 nahm zu Beginn des Jahrhunderts Hormone ein, doch wissenschaftlich ist noch nicht geklärt, ob sie gut für uns sind oder nicht. „Ist es ein Wunder, dass wir uns wie Versuchskaninchen fühlen?“, fragt Goldy.

Somit bleibt die Entscheidung uns überlassen. Sie basiert auf etlichen Faktoren – die Krankengeschichte der Familienangehörigen, der Rat unseres Arztes, wie unsere Schwester und unsere Mutter damit umgingen, was unsere besten Freundinnen darüber denken, was die Nachbarin gerade in ihrem Gesundheitsmagazin darüber gelesen hat und ob wir von der traditionellen oder alternativen Medizin überzeugt sind. Laut einer Studie der Harvard Universität, die im *Chicago Tribune* veröffentlicht wurde, treffen Frauen ihre Entscheidungen zur Menopause anhand von vier wesentlichen Faktoren: der Meinung ihres Arztes, Berichten in den Medien, den Erfahrungen ihrer Freundinnen und ihrer Angst vor Brustkrebs.

Jan fing bereits mit Anfang 40 an, sich zu informieren:

> *Mein Arzt gab mir einen Stapel Bücher über Hormontherapie und empfahl mir, bei meinen Entscheidungen Vernunft walten zu lassen. Er beeinflusste mich nicht – ich selbst fand die Antwort. Ich arbeitete lang, schlief nur wenig, hatte ständig Hitzewallungen und war launisch. In meiner Familie hatte es keinen Gebärmutterhals-, Gebärmutter- oder Brustkrebs gegeben. Mein Vater starb allerdings an einem Herzinfarkt und zwei meiner Tante leiden an Osteoporose. Ich wusste, mit welchen Beschwerden ich in der Menopause zu kämpfen haben würde, also entschloss ich mich zu einer Hormontherapie.*

Bei dem beliebten Östrogen Premarin, das aus dem Urin trächtiger Stuten hergestellt wird, kommt sogar das Thema Tierrecht auf. Marylu entschied sich gegen Östrogene, da es in ihrer Familie Brustkrebs gegeben hatte. Sie verwendet eine Progesteronsalbe, ein Gemisch aus Yamswurzeln, und erklärt: „Ich creme mich lieber mit dem Saft von Yamswurzeln ein, als jeden Tag Pferdepisse zu schlucken."

Die Entscheidung über Maßnahmen in der Menopause hängt zum Teil von unseren Ängsten ab. Linda berichtet, dass jede Frau in ihrem Bekanntenkreis, die an Brustkrebs leidet, sich irgendwann einmal einer Hormonersatztherapie unterzogen hat. Daher lässt sie die Finger davon:

Da ich einen zarten Knochenbau habe, besteht bei mir das Risiko, an Osteoporose zu erkranken. Östrogen ist angeblich gut für die Knochen. Ich esse daher viele Sojaprodukte – Tofu, Tempeh –, weil Sojabohnen eine Art natürliches, pflanzliches Östrogen enthalten.

In Medizinratgebern wird uns grundsätzlich empfohlen, bei einem erhöhten Brustkrebsrisiko Östrogen zu meiden. Wenn wir uns jedoch Sorgen wegen eines Herzinfarkts machen, wäre es gut für uns. Das findet Margy, eine Vorschullehrerin, frustrierend:

Gibt es denn keine Möglichkeit, unser Leben einfach zu leben, ohne ständig Angst haben zu müssen, an irgendetwas zu erkranken? Ich habe Hormone gegen meine Hitzewallungen genommen, dann las ich, dass Östrogen das Eierstockkrebs-Risiko erhöht. Ich habe das Gefühl, dafür bestraft zu werden, dass ich versuche, meine Beschwerden zu lindern und glücklicher zu leben. Wahrscheinlich ist die Antwort darauf, dass wir nicht dafür geschaffen wurden, älter als 45 zu werden.

Aber wir werden gehört, denn Frauen mittleren Alters sind kluge Konsumentinnen von Medikamenten. Wir stellen unseren Ärzten viele Fragen. Wir informieren uns umfassend. Im *National Women's Health Network* sind mindestens 20 verschiedene Informationsgruppen zur Menopause aufgelistet.

Die Anwältin Teresa erzählt, ihr Arzt habe ihr dringend empfohlen, Hormone einzunehmen. Teresa erwiderte: „Warum soll ich etwas richten, das nicht kaputt ist?" Ebenso verhält es sich bei Iris:

Ich wollte einfach nichts einnehmen, von dessen Notwendigkeit ich nicht überzeugt war. Ich hatte fünf Jahre lang Beschwerden, aber ich habe sie ohne Hormone überstanden. Da ich in einer lesbischen Beziehung lebe, hatte ich während meiner Menopause eine einfühlsame Begleiterin, eine Art eingebautes Unterstützungssystem. Das half mir eindeutig, mit Tiefpunkten fertig zu werden.

Sidney entschied sich für eine Hormonbehandlung, um ihre Stimmungsschwankungen unter Kontrolle zu bringen:

Ich nenne sie meine „Bring-keinen-Mann-um-Pillen". Als bei mir die Hitzewallungen einsetzten, ließ ich mich gerade scheiden, nahm einen neuen Job an, verkaufte mein Haus und musste mit meinem halbwüchsigen Sohn zurechtkommen. Meine Mutter sagte: „Sie werden dich schnurren lassen wie ein Kätzchen." Das brachte mich beinahe dazu, sie nicht zu nehmen, denn ich höre nicht gern auf meine Mutter. Aber sie haben tatsächlich geholfen.

Einige Frauen kommen mit Östrogenen gut zurecht, aber wenn Progesteron dazukommt, fühlen sie sich „ein wenig durchgeknallt", wie Mary sagt. „Manchmal verläuft jeder Tag gleichmäßig und ich bin ausgeglichen – und dann drehe ich plötzlich durch."

Eigentlich geht man davon aus, dass der Arzt Abhilfe schaffen kann, aber das ist nicht immer der Fall. Marys Arzt arbeitete gemeinsam mit ihr an der für sie richtigen Dosierung, aber man hört immer noch Geschichten von altmodischen Ärzten. Penelope erinnert sich: „Mein Doktor meinte: ‚Sehen Sie die Sache einfach so – Ihre Gebärmutter liegt im Sterben.'" Als Kathleens Periode unregelmäßig wurde, bat sie ihren Arzt um Rat:

Er sagte: „Machen Sie sich keine Sorgen. Ich sorge dafür, dass Sie wieder bluten", so als sei er Gott und würde mich wieder zur Frau machen. Ich suchte mir eine Osteopathin, die mir Hormone in geringen Dosen verordnete. In meiner Familie gibt es Herzkrankheiten und Östrogen soll gut für das Herz sein. Ich scheue mich nicht davor, mich selbst um meine Gesundheit zu kümmern, und ich bin auch nicht prüde, wenn es um meinen Körper geht. Ich habe mich für ein Gesundheitsprogramm dabei filmen lassen, als ich Frauen zeigte, wie man ein Spekulum benützt.

Passiert das wirklich dir?

„Uns unterscheidet von der Generation unserer Mütter, dass wir über alles reden“, erklärt Shirley, eine Kräuterspezialistin. Sie leitet einen Gesprächskreis ihrer Menopause-Gruppe über vaginale Trockenheit. „Wir sprechen alles aus. Wenn ich Frauen im Alter meiner Mutter nach ihren Wechseljahren frage, sagen sie entweder, sie hätten keine Probleme gehabt, oder sie fanden es schrecklich, aber sonst fällt ihnen nichts dazu ein.“

In dieser Gruppe gibt es das Problem nicht. Die Frauen treffen sich zweimal im Monat und reden über die Menopause, über Hormone und alles, was sie im Augenblick stört. In den 1960ern und 1970ern hätte man das eine bewusstseinserweiternde Gruppe genannt, aber heutzutage sind die Strukturen nicht mehr so festgefahren und das Essen ist besser als vermutet. An diesem Abend gibt es portugiesische Suppe („eine Mahlzeit für Göttinnen“, wie Diane es nennt) und Sauvignon Blanc, dank der Winzerin in der Gruppe. Die Gruppe entstand, als zwei Freundinnen – eine Vorschullehrerin im Head-Start-Programm und eine Pädagogin, die in einer Gesundheitsklinik arbeitet – sich über die Menopause unterhielten. Beide vermuteten, dass es bei ihnen bald so weit sein würde, und beide fühlten sich nicht darauf vorbereitet. Sie beschlossen, ein paar Freundinnen zusammenzutrommeln und eine Menopause-Gruppe zu gründen, um über die guten, die schlechten und die völlig verblüffenden Dinge zu reden.

Innerhalb weniger Monate wurden alle sehr enge Freundinnen, was man schon daran sieht, dass an diesem Abend sofort über Abbys Behandlung gesprochen wurde. Abby sitzt auf einem Kissen auf der Couch und ihre Partnerin Diane bedient sie, weil Abby vor kurzem an der Blase operiert wurde. Sie erklärt, wie ihre „Blasenschlinge“ aussieht und wie sie funktioniert. Bei einigen Stellen ihrer Erzählung bleiben die anderen ganz still sitzen, bei anderen brechen sie in Gelächter aus. Alle in Abbys Wohnzimmer verstehen gut, warum eine solche Operation notwendig werden kann – sie haben auch schon beim herzhaften Lachen oder Niesen für einen Augenblick eine Blasenschwäche zu spüren bekommen. „Das soll uns daran erinnern, regelmäßig Gymnastik zu machen", meint Shirley. „Diese unsichtbaren Kontraktionen, die die Vaginalmuskeln trainieren."

Abby erzählt, dass sie sich fühlt, als habe sie gerade ein Baby bekommen, und fügt hinzu, dass die Geburt ihrer zwei „enorm großen und kräftigen" Kinder viel mit dem Druck auf ihre Blase zu tun hatte.

Bevor sie zur Tagesordnung übergehen, kommt noch das Thema Stimmungsschwankungen auf und ruft ebenso viel Gelächter wie Gestöhne hervor. Barbara erinnert sich, wie sie als kleines Mädchen ihre Großmutter und deren Freundinnen bei einem Gespräch über etwas belauschte, das wohl die Menopause gewesen war:

> *Jemand sagte: „Miss Emma benimmt sich vollkommen verrückt – sie ist in den Wechseljahren." Dann machten die Frauen ihr Tee und empfahlen ihr eine spezielle Salbe. Sie besuchten sie häufig, damit sie nicht depressiv wurde. Und sie erklärten ihrem Mann: „Sie macht eine schwere Zeit durch, also sei nett zu ihr." Als Kind dachte ich: „Was bedeutet das denn?" Inzwischen weiß ich genau, warum Miss Emma für eine Weile ihren Verstand verlor.*

Es klingt wie in einer Zwölf-Schritte-Gruppe, als die anderen sich zu Wort melden. „Meine letzte Periode liegt 60 Tage zurück", sagt eine. Barbara erklärt, bei ihr sei es fast ein Jahr her, und sie wünschte, ihre Menstruation würde ganz aufhören, weil sie das zur Raserei bringe:

> *Das kotzt mich wirklich an. Ich muss diese Sache hinter mich bringen, weil ich viel arbeiten muss. Ich glaube, meine Periode sei endlich vorüber, und dann kommt das verdammte Zeug wieder. Danach habe ich dann dreieinhalb Wochen lang PMS und bete für die nächste Blutung.*

Shirley, die Kräuterexpertin, rät Barbara, wieder Skullcap einzunehmen – ein Kraut, das, wie sie sagt, „der Sache die Schärfe nimmt". Sie nennt es „den besten Freund einer Frau während der Menopause". „Es eignet sich für diese Momente, wenn du am liebsten aus der Haut fahren würdest. Wenn dir der Lärm zu viel wird." Barbara berichtet, dass sie es einmal genommen hat, als ihr Enkel auf Besuch war und sie versuchte, etwas zu schreiben:

> *Ich schätze, es hatte einen beruhigenden Effekt, aber ich bin mir nicht sicher, ob wir den Hormonen die Schuld an all unseren Frustrationen geben können. Es ist schwer zu unterscheiden, was auf die Menopause zurückzuführen ist und was einfach zu dieser Zeit gehört, in der wir leben.*

Eine Besucherin lauscht einer Diskussion darüber, ob man Haare am Kinn auszupfen oder mit Wachs entfernen sollte, und macht eine Bemerkung über die Freimütigkeit der Gruppe. Dazu meint Abby: „Das gehört zum Leben. Warum sollen wir nicht über alles sprechen?" Abby wurde von ihrer Stiefmutter großgezogen, die, wie sie jetzt weiß, ihre Menopause allein erleiden musste:

> *Eine Zeit lang war sie sehr schlecht drauf, und genau in dieser Zeitspanne erlebte ich meine Pubertät und benahm mich wie ein kleiner Teufel. Für sie gab es keine Gruppe wie diese – sie hatte keinerlei Unterstützung. Sie zog sich immer mehr zurück und schien alle Leute zu hassen. Heute tut es mir Leid, dass ich nicht verständnisvoller war, aber vor dieser Gruppe wusste ich nicht mehr über die Menopause.*

Alle Frauen in dieser Gruppe haben sich gegen eine Hormontherapie entschieden und möchten die Menopause auf natürliche Weise durchleben. Shirley warnt allerdings: „Das kann sich ändern – es kommt immer auf die Intensität der Beschwerden an." Sie selbst verlässt sich auf Kräuter, um ihre Hitzewallungen und Stimmungsschwankungen in den Griff zu bekommen, und isst viele Sojaprodukte, die natürliches Östrogen enthalten. Vor dem Zu-Bett-Gehen trinkt sie ein Glas Sherry und knabbert ein Schälchen gerösteter Sojanüsse. Shirleys Schwester litt so stark unter nächtlichen Schweißausbrüchen, dass sie nun Östrogen- und Progesterontabletten einnimmt, nur um ein paar Stunden schlafen zu können.

Shirley schneidet das Thema an, dass Frauen in der Gesellschaft immer weniger wahrgenommen werden, wenn sie älter werden, obwohl man sich kaum vorstellen kann, dass eine dieser Frauen nicht gehört oder gesehen wird:

Es scheint so, als würden wir als sexuelle Wesen verschwinden. Ich versuchte meinem Mann zu erklären, dass Männer Frauen mittleren Alters nicht mehr zur Kenntnis nehmen und einfach durch uns hindurchsehen. Er hielt das für Unsinn, doch als er auf einer Party darauf achtete, erkannte er, was ich damit meinte.

Barbara erzählt, dass es sich in der afroamerikanischen Kultur ganz anders verhält:

Die Einstellung zum Alter wie auch zum Körpergewicht ist vollkommen anders. Männer flirten immer mit dir, egal wie alt du bist und wie du gebaut bist. Und schwarze Frauen sind um Retourkutschen nicht verlegen. Wenn ihre Männer eine Bemerkung über unser Alter machen, wie zum Beispiel: „Du hast schon wieder ein paar neue graue Haare bekommen", dann erwidern wir: „Sieh dir mal deine eigenen an!"

Abby ist mexikanisch-amerikanischer Herkunft und meint dazu:

In mexikanischen Soaps sind die romantischen Charaktere älter als in amerikanischen Seifenopern. Ich glaube, mexikanische Männer sehen sich nach jungen Frauen um, wenn sie Kinder in die Welt setzen möchten, aber sie bewundern auch die Reife älterer Frauen. Sie betrachten uns als weise Señoras. In diesem Land erzählt man uns jedoch, wir müssten alle aussehen wie

Barbiepuppen. Älter zu werden ist in dieser Gesellschaft nicht erlaubt.

Abby ist eine selbst ernannte Königin der Eitelkeit. Sie gibt zu, dass sie sich mehr Gedanken über Veränderungen ihres Aussehens macht als alle anderen: „Ich will nicht mehr 20 oder 30 sein – ich möchte alles wissen, was ich bisher gelernt habe, aber ich will nicht, dass mein Körper und mein Gesicht sich negativ verändern." Als ihr dichtes schwarzes Haar sich lichtete, war sie entsetzt. Erst als sie erfuhr, dass es sich nur um eine vorübergehende Störung als Folge der Narkose bei ihrer Operation handelte und nicht auf die Menopause zurückzuführen war, atmete sie wieder auf. „Ich weinte und sagte zu Diane: ‚Oh, nein, werden wir jetzt auch noch kahlköpfig?'"

An einem Abend vollzog die Gruppe ein Ritual, bei dem sie Wäscheklammern aus Holz mit Stofffetzen und Farbe verzierten und sie nach ihren Sorgen benannten – Angst vor dem Verlassenwerden, Verzweiflung, Beurteilung der anderen. Dann verbrannten sie die Wäscheklammern eine nach der anderen im Kaminfeuer.

Zurück zur vaginalen Trockenheit: Viele Frauen beschweren sich darüber, dass es mit zunehmendem Alter länger dauert, bis die Scheide feucht wird, und der Fluss eventuell nicht ausreicht. Shirley, die Forscherin in der Gruppe, erklärt:

Ein reduzierter Östrogen- und Progesteronspiegel steht in direkter Verbindung zu der trockenen Haut am ganzen Körper, einschließlich der Schleimhäute in der Vagina. Die Vagina und das sie umgebende Gewebe kann an Elastizität verlieren, und die Scheide kann kleiner und dünner werden. Hier gilt wieder der alte Grundsatz: Wer rastet, der rostet. Regelmäßiger Geschlechtsverkehr dehnt die Vagina und verstärkt den Feuchtigkeitsfluss und die Durchblutung. Auch Selbstbefriedigung vermindert Trockenheit und Hautreizungen.

Die Gruppe scheint sich über diese Aufgaben zu freuen und möchte über Gleitmittel sprechen. Die Krankenschwester Abby verteilt einige Proben. „AstroGlide? Das klingt wie etwas, das man in einen Wagen füllt", meint Leslie. „So männlich."

„Nein, Schätzchen, das ist für dich", erwidert Abby. „Wenn du allerdings zu viel verwendest, dann rutscht und flutscht es an den falschen Stellen."

Barbara interessiert sich für Östrogensalben. Bisher hat sie noch niemand ausprobiert, aber Shirley hält viel davon, Beifuß in Kombination mit Vitamin E zu verwenden, um für genügend Feuchtigkeit zu sorgen.

Schließlich sprechen sie über Sex und Barbara erklärt:

Ich glaube, dass es Sex im Leben gibt, bis man stirbt. Aber mit zunehmendem Alter erwarte ich mir mehr davon. Ich brauche mehr als nur die üblichen Mätzchen im Bett. Was ich meine, ist eine Art mentaler Sex, etwas tiefer gehendes. Intimität. Respekt. Und ein Vorspiel. Ein sehr langes Vorspiel.

Wie aus einem Mund ertönt es von den immer beschäftigten Frauen: „Wer hat schon Zeit für ein Vorspiel?"

Wer ist hier emotional?

Als Cindy in Maui einen Souvenirladen betrat, machte sie eine Bemerkung darüber, dass die Räucherstäbchen und Kerzen sie an ihre Menopause und ihre Meditationsgruppe zu Hause erinnerten. Die Besitzerin des Ladens kam auf sie zu und zog sie beiseite. „Erzählen Sie mir alles, was Sie über die Wechseljahre wissen", bat sie. Es stellte sich heraus, dass die Inhaberin vom Mittleren Westen der USA nach Hawaii gezogen war, weil sie befürchtete, sich kurz vor einem Zusammenbruch zu befinden oder an einem Gehirntumor erkrankt zu sein. Sie wollte in der Nähe ihrer Familie sein, wenn sie ihrem Leiden erliegen würde. In Hawaii angekommen suchte sie einen Arzt auf, der ihr erklärte, sie befände sich in den Wechseljahren und müsse keineswegs sterben.

Goldy erzählt, dass sie gerade dabei half, ein Haus neu zu gestalten, als sich die ersten Beschwerden ihrer Menopause bemerkbar machten. Die Arbeit war zwar mit Stress verbunden, aber keineswegs so, dass das ihr plötzliches Verhalten gerechtfertigt hätte:

> *Ich hätte beinahe einen der Arbeiter umgebracht. Bei jeder Gelegenheit reagierte ich vollkommen übertrieben und blaffte alle an. Irgendwie war mir das schon bewusst – manchmal dachte ich: „Das bist doch nicht du."*

Annuscha traf es mit 49:

> *Ich war immer ein sehr optimistischer Mensch gewesen. Das lag an den Genen meiner Mutter, die ich geerbt hatte. Doch dann hätte ich am liebsten nur noch geweint und geweint.*

Gesundheitsexperten sind sich nicht darüber einig, ob es einen direkten Zusammenhang zwischen Stimmungsschwankungen und dem plötzlichen Abfallen des Östrogen- und Progesteronspiegels während der Menopause gibt. Jede Frau, die während der Wechseljahre schwermütig wird, erkennt jedoch in diesem Zustand die fortgeschrittene Version des PMS.

Wir können dagegen ebenso vorgehen wie gegen das PMS. Kräuter, Medikamente, Yoga, ein Spaziergang im Wald, ein Gespräch mit einer Freundin, ein wilder Tanz im Wohnzimmer. Oder wir können den schlechten Launen einfach nachgeben, wie Adina es tut.

> *Wenn ich diese Stimmungsschwankungen habe, fühle ich mich an meine Zeit als Teenager erinnert. Doch damals war ich jung, wuchs als Amerikanerin in England auf und unterdrückte meine Gefühle. Jetzt, am anderen Ende dieser Skala, will ich das nicht*

mehr. Manchmal steige ich in mein Auto und schreie los. Als einmal in einer Bank die Angestellte an der Kasse etwas zu mir sagte, hätte ich beinahe losgeheult. Ich weiß nicht mehr, worum es ging, aber ich dachte mir: „Jetzt geht das wieder los." Die Gefühlswallungen sind die gleichen wie in der Pubertät, nur sind seitdem 35 Jahre vergangen.

Die Reizbarkeit, die Angstgefühle und die Depressionen während der Menopause ähneln den Gefühlen, die wir in der Pubertät empfanden, nach der Geburt unserer Kinder, während des PMS und bei Einnahme der Anti-Baby-Pille.

Progesteron hat, wie man annimmt, einen beruhigenden Effekt auf den Körper, während Östrogen stimulierend wirkt. Wenn sie zusammenarbeiten, was sie normalerweise vor der Menopause tun, fühlen wir uns ausgeglichen. Schlagen sie jedoch nach oben oder unten aus, tun unsere Gefühle das auch. Carrie sagt: „Manchmal hatte ich das Gefühl, eine außerkörperliche Erfahrung zu haben, dann wieder verwandelte ich mich in eine tobende Furie." Cindy empfiehlt Meditation:

Ich war gereizt und wütend, aber bevor ich einen Zornausbruch zuließ, hielt ich inne, spielte die Szene in Gedanken durch und konzentrierte mich darauf, welchen Ausgang ich mir wünschte. Ich traf eine Entscheidung, bevor ich reagierte, so als würde ich einen Film anhalten. Ich wollte kein Sklave meiner Hormonschwankungen sein und den Gesichtsausdruck meiner Kinder sehen, wenn ich plötzlich ausrastete. Ich versuche Harmonie zu finden.

Jane glaubte, therapeutische Hilfe in Anspruch nehmen zu müssen:

Die Symptome waren wie beim PMS, aber ich hatte nie unter dem PMS gelitten. Aus unerfindlichen Gründen überfiel mich schlechte Laune. Meine Psychotherapeutin erklärte mir, sie würde gern mit mir darüber reden, aber es sei vielleicht besser, mit meinem Frauenarzt über eine Hormonbehandlung zu sprechen. Also nahm ich Östrogen und Progesteron, aber das Progesteron machte mich reizbar. Ich versuchte es mit einer anderen Kombination und jetzt geht es mir gut.

Bei einigen Frauen kann eine Hormonersatztherapie eher schlechte Laune fördern, als ihre Stimmung zu heben. Dr. Susan Love ist der Ansicht, dass Hormontabletten sogar Depressionen auslösen können. Sie rät zu Kräutern und homöopathischen Mitteln, um die Stimmungsschwankungen zu lindern. Gegen die Unkonzentriertheit, unter der viele Frauen ebenfalls leiden, empfiehlt sie, das Gehirn zu trainieren – durch den Beitritt zu einem Buchklub, das Absolvieren eines Kurses oder regelmäßiges Surfen im Internet.

Mary versuchte es mit Antidepressiva:

Mit 49 begann ich mich lausig zu fühlen: Ich war ängstlich, lethargisch und grundsätzlich ohne Hoffnung. Ich konnte mich nicht mehr konzentrieren und hatte zu nichts mehr Lust. Mein Hausarzt verschrieb mir ein Medikament, dann verabreichte mir ein Psychiater ein anderes, von dem ich starken Nesselausschlag bekam. Darauf folgte ein Antidepressivum, das zur Folge hatte, dass mich nichts mehr kümmerte. Ich versäumte Termine in der Arbeit, ich begann erst im Juni damit, meine Steuerunterlagen zu ordnen, und ich schlief sehr viel. Außerdem nahm ich 15 Pfund zu. Dann war ich es leid, immer müde zu sein, und hörte auf, die Pillen zu nehmen. Das Gewicht ließ sich nur langsam reduzieren, aber mein Gedächtnis funktioniert wieder und ich kümmere mich wieder um meine Angelegenheiten.

Selbst wenn man Stimmungsschwankungen nicht eindeutig auf Hormone zurückführen kann, so gibt es doch eine Verbindung zu dem Gefühl, nicht ganz auf dem Posten zu sein, wenn man älter wird, sich mit der Angst vor dem Älterwerden auseinander setzen zu müssen und Veränderungen des Körpers wahrzunehmen, die ein untrügliches Zeichen dafür sind, dass ein anderer Zeitabschnitt begonnen hat. Mary erzählt, dass sie sich wie in einer Falle fühlte:

> *Ich traf schlechte Entscheidungen in der Wahl meines Arbeitsplatzes und hatte das Gefühl, es wäre zu spät, etwas daran zu ändern. Ich glaubte, mich weder im Berufs- noch im Privatleben auf etwas freuen zu können. Als ich Antidepressiva nahm, fühlte ich mich besser, und das war dringend nötig. Aber ich wünschte, ich hätte diese Zeit genützt, um herauszufinden, warum ich mich so mies fühlte, und mich mit den Tatsachen auseinander gesetzt, anstatt mich zu verstecken. Das scheint zu fehlen, wenn man Medikamente nimmt. Ich meine damit, die Erkenntnis, dass der Schmerz eine Ursache hat und du den Grund dafür herausfinden musst, anstatt ihn nur zu betäuben. Würden wir offener über die Probleme des Älterwerdens sprechen, könnten wir vielleicht herausfinden, warum wir uns so schlecht fühlen.*

Georgie probierte verschiedene Medikamente aus, um ihre Stimmungslage zu verändern, bis sie schließlich zu dem Schluss kam, dass sie nicht alles auf Hormonschwankungen zurückführen konnte: „Ich weinte auch schon, bevor ich in die Wechseljahre kam."

Betrachte es einmal so

In der keltischen Kultur wurde Frauen nach der Menopause eine genau festgelegte Rolle zugeteilt – sie sollten ihre Weisheit in der Gemeinschaft weitergeben. Christiane Northrup, die Autorin von *Frauenkörper – Frauenweisheit* erklärt, die junge Frau war die Blume, die Mutter die Frucht und die ältere Frau das Saatkorn, das Erfahrung und Weisheit in sich trug. Einige Kulturen, so Northrup, glauben, dass eine Frau in der Menopause beginnt, ihr Blut aufzusparen, anstatt es zu vergießen, um ihre Weisheit speichern zu können.

Roberta ist der Meinung, dass Östrogen uns weicher und formbarer macht und dass wir, wenn die Produktion nachlässt, eine gewisse Härte entwickeln:

> *Östrogen ist wahrscheinlich ein Mittel, das uns passiv mit dem Strom schwimmen lässt. Früher fragte ich mich, wann ich mich endlich erwachsen fühlen und Macht und Autorität besitzen würde. Wann ich endlich aufhören würde, Angst zu haben. Und jetzt, wo ich in die Wechseljahre komme, ist es so weit. Seit mein Hormonspiegel gesunken ist, bemerke ich eine Veränderung in meiner Persönlichkeit. Ich bin viel eher dazu bereit, etwas klar und deutlich auszusprechen. Ich fühle mich nicht mehr so unterdrückt. Wir brauchen Östrogen, damit wir bereit sind, zu Hause bei unseren Kindern zu bleiben und ihre Bedürfnisse an erste Stelle zu setzen. Aber jetzt spüre ich das draufgängerische Kind in mir wieder.*

Kathleens Ärztin sagte ihr im Grunde genommen das Gleiche und empfahl ihr, die Menopause als Umkehr der Pubertät zu sehen: „Sie sagte, wir sollten Östrogen als etwas betrachten, was wir brauchen, solange wir heranwachsen. Wenn die Produktion aufhört, werden wir wieder das mutige kleine Mädchen, das vor seiner Periode auf Bäume kletterte und sich vor nichts fürchtete."

Auch Dr. Susan Love gefällt diese Vorstellung. Sie sagt, wenn wir das „domestizierende Hormon Östrogen" verlieren, können wir einen Teil der Blüte und des Ungestüms eines jungen Mädchens wiedergewinnen.

Haut und Knochen

Wir haben schon alle die eine oder andere Frau gesehen, die so gebückt geht, dass sie den Blick auf den Gehsteig richten muss, und bei diesem Anblick schaudern wir. Oder wir starren auf die beiden

Frauen auf dem Osteoporose-Plakat im Wartezimmer unseres Arztes. Die eine Frau mit dem „normalen“ Knochenbau steht aufrecht da, so als würde sie auf einen Tanzpartner warten. Die andere, deren Knochen auf einer Großaufnahme aussehen wie eine löchrige Muschel im Sand, ist über einen Stock gebeugt. Da Gesundheitsposter meist plump gestaltet sind, trägt die Frau mit der guten Haltung Kleidung aus einem Modemagazin, während die andere in alte Klamotten aus dem Jahr 1955 gehüllt ist. Wichtig ist jedoch, dass wir darauf hingewiesen werden, auf unsere Knochen zu achten.

Diane schwimmt, fährt Kajak und reitet. Sie war perplex, als sie ihre Knochendichte untersuchen ließ und erfuhr, dass man erste Anzeichen einer Osteoporose entdeckt hatte, die so genannte Osteopenie. Knochenschwund beginnt bereits im Alter von etwa 35; Frauen verlieren dann jährlich ein halbes Prozent ihrer Knochenmasse. Während der Menopause kommt es zu erhöhtem Knochenschwund, den man jedoch weder sieht noch fühlt. Dianes Doktor empfahl ihr, ihre Knochendichte messen zu lassen, obwohl sie keine Beschwerden hatte. Sie begann Hormone und Kalziumpräparate einzunehmen und versuchte eine gesunde Lebensweise zu finden, bei der sie mit Gewichten trainieren oder etwas anderes tun konnte, um die Dichte ihrer Knochen zu erhalten.

Ich ging nicht mehr schwimmen, sondern wandern. Das ist jedoch zeitaufwändig und immer vom Wetter abhängig, also versuchte ich es mit Seilspringen, aber das machte mir keinen Spaß. Dann trainierte ich an den Geräten im Fitnessstudio, aber ich hatte das Gefühl, dass es mir nicht wirklich nützte. Nach einem Besuch bei meiner Großmutter beschloss ich schließlich, die Sache ernsthaft in Angriff zu nehmen. Meine Großmutter ist geistig und körperlich auf der Höhe, aber ihre Knochen machen nicht mehr mit. Jetzt besuche ich zweimal die Woche ein Fitnesscenter und absolviere dort mit einem persönlichen Trainer ein intensives Krafttraining. Wir sprechen hier von richtigem Gewichtheben. Ich fühle mich großartig dabei – ich nehme ab, ohne Diät halten zu müssen, und meine Knochen und Gelenke werden auf gründliche, aber sichere Weise trainiert. Es kostet viel, aber ich halte es für die beste Präventivmaßnahme, die eine Frau mit dem Risikofaktor Osteoporose ergreifen kann.

Knochen sind nicht sexy. Wir gehen ins Fitnessstudio, um unsere Bauchmuskeln oder Bizeps zu trainieren, aber wer kümmert sich um unsere Knochen? Es sind die sichtbaren, vorzeigbaren Dinge, die uns üblicherweise Aufmerksamkeit verschaffen. Doch unsere Knochen könnten in diesem Augenblick bereits schwächer werden und wir würden es nicht einmal bemerken. Es geschieht im Verborgenen, wie bei Termiten in der Wand. Aber wir müssen uns damit nicht abfinden – wir können vorbeugend etwas dagegen tun.

Kate, die stolz auf ihre Haltung ist und regelmäßig Gemüse isst, war ebenfalls überrascht, als sie von ihrem Knochenschwund erfuhr:

Ich bat meine Ärztin aus Neugier um einen Knochentest. Sie erklärte mir, dass die Krankenkasse das nicht übernehmen würde, da ich Hormone nähme und keine Risikofaktoren vorlägen. Irgendwie ließ mich der Gedanke daran jedoch nicht los. Bei meinem nächsten Termin erzählte ich ihr, dass meine Schwester sich hatte testen lassen und die Ergebnisse nicht gut gewesen wären. Anscheinend war das ein ausreichender Grund für meine Ärztin. Der Test wurde gemacht und die Krankenkasse übernahm die Kosten. Ich war schockiert, als ich dann das Ergebnis von meiner Ärztin bekam. Wie konnte ich bei diesem Knochentest so schlecht abschneiden?

Knochen verursachen keine Schmerzen, wenn sie dünner werden – das kommt erst später, wenn man stürzt und sich die Hüfte bricht. Dann erkennen viele Frauen – zu spät –, dass sie an Osteoporose leiden. Oder vielleicht stellst du irgendwann fest, dass du kleiner bist als deine Tochter und dass es nicht an den hochhackigen Schuhen liegt, die sie trägt. Es liegt an den fragilen Knochen des Rückgrats, die brechen.

Knochen sind von Muskeln umgeben und wenn du deine Muskeln stärkst, hilfst du damit dem Knochenbau. Kate hat ein Hantelset in ihrem Büro und ein weiteres in ihrem Wohnzimmer neben der Couch, damit sie nicht vergisst, regelmäßig ihre Übungen zu machen. Ihre Ärztin erhöhte ihre Östrogendosis und empfahl ihr, wenn sie weiterhin Kaffee trinken wolle, Milch hinzuzugeben, da Kaffee Kalzium im Körper abbaut. Sie erklärte ihr auch, dass Kalziumtabletten nur bei gleichzeitiger Einnahme von Vitamin D wirken:

Ich nehme neun verschiedene Vitamine, aber kein Vitamin D. Anscheinend braucht man aber D, damit das Kalzium seine Wirkung entfalten kann. Also habe ich all die Jahre Kalziumpatronen durch meinen Körper geschossen, die meine Knochen nicht einmal gestreift haben. Vitamin D ist auch in Multivitaminprodukten in ausreichender Menge enthalten, aber Kalzium nicht. Der beste Weg, Vitamin D aufzunehmen, ist ein Sonnenbad, aber wir kennen alle die damit verbundenen Risiken. Also stehen wir wieder vor der Entscheidung, welcher Teil des Körpers Vorrang haben soll. Ich habe mich für meine Knochen entschieden.

Vitamin D können wir uns durch Nahrung und Sonne zuführen. Wie entscheidend es für den Aufbau der Knochen ist, erkennt man daran, dass Frauen mittleren Alters bei wolkenverhangenem Himmel im Winter mehr Knochensubstanz verlieren als im Sommer. Eine weitere, nur wenig bekannte Tatsache über weibliche Knochen ist, dass dünne Menschen sich schneller etwas brechen, wenn sie das Alter erreichen, in dem sie anfällig für Osteoporose sind. Experten sind der Ansicht, dass ein paar Pfunde mehr für ein hübsches Polster sorgen, wenn unsere Knochen fürsorglicher behandelt werden müssen. Selbst wenn Milch, Käse und Jogurt mit Schokoladekirschen dick machen, freuen sich unsere Knochen darüber. Denken wir an unsere Knochen, haben wir einen guten Grund, unsere Gewichtszunahme in den mittleren Jahren zu feiern.

Eines der Argumente für eine Hormontherapie in den Wechseljahren ist die Tatsache, dass Östrogen unser Knochengerüst stärkt, aber nicht jede Frau kann und will diesen Weg einschlagen.

Adele hat ihre Östrogentabletten abgesetzt:

Wer will schon ständig Medikamente nehmen, wenn es darüber noch keine verlässlichen Untersuchungen gibt? Ich habe zarte Knochen und bin daher anfällig für Osteoporose. Außerdem fing bei mir die Menopause schon sehr früh an, in meinen Dreißigern. Auch das erhöht mein Risiko. Ich lasse deshalb regelmäßig Knochenscans machen, esse kalziumhaltige Nahrungsmittel, laufe, fahre Rad und spiele Tennis.

Aileen kann sich keiner Hormonersatztherapie unterziehen, weil sie Brustkrebs hatte:

Ich mache Krafttraining, fahre Ski und wandere in den Bergen. Und außerdem mache ich Yoga. Es ist, als würde ich damit meinen Körper ölen und schmieren. Ich esse Tofu, braunen Reis und alle Gemüsesorten, in denen Vitamin K enthalten ist, wie Grünkohl und Spinat – sie sind gut für die Knochen. Und ich trinke ein oder zwei Glas Wein am Tag. Das hat zwar nichts mit den Knochen zu tun (übermäßiger Alkoholgenuss ist sogar sehr schädlich für sie), aber es ist gut für mein Herz. Du hast immer die Möglichkeit, eine Statistik zu finden, die das bestätigt, was du für deine Gesundheit tun möchtest, und ich habe meine entdeckt.

Was hat es mit diesen Flecken auf sich?

Was wir für unsere Haut tun können, wissen wir bereits. Sonnenschutz auftragen, viel Wasser trinken, nicht rauchen, nicht trinken. Hässliche Gedanken vermeiden. Sex haben.

Gegen Mitte bis Ende der Vierziger machen sich die ersten Hautveränderungen bemerkbar. Sara, die nie Make-up trägt, außer hin und wieder Lippenstift, gab in diesem Alter 100 Dollar für eine Feuchtigkeitscreme aus, die das Gesicht ihrer Schwägerin strahlen und schimmern ließ. Mit etwa 47 setzt die Perimenopause ein und die Östrogenproduktion lässt nach – ebenso die Elastizität der Haut. Allerdings schreibt man die Hautveränderungen eher dem zunehmenden Alter als dem Verlust von Östrogen zu. Es gibt keine wissenschaftlichen Studien, die belegen, dass die Einnahme von Östrogen Falten glättet, aber Östrogen hält möglicherweise Feuchtigkeit in der Gesichtshaut zurück und bewirkt so eine gewisse Straffung.

Der Zustand der Haut in den mittleren Jahren hängt davon ab, wie viel Zeit man als Kind in der Sonne verbracht hat, ob und wie lange man raucht oder geraucht hat und ob ein straffes Kinn in der Familie liegt. Einige Veränderungen sind unvermeidlich und üblicherweise machen sie sich zuerst im Gesicht bemerkbar. Haut ist jedoch Haut. Maria beklagt sich über „Eidechsenhaut" an ihren Beinen, und Maureen bezeichnet ihre sonnengebräunte Brust als „Lederdekolletee".

Rachel hat sich an ihre Sommersprossen gewöhnt, aber der neue dunkle Fleck auf ihrer Hand missfällt ihr sehr:

> *Das ist keine Sommersprosse, sondern ein Altersfleck. Er erinnert mich an meine Mutter – er sieht alt aus. Ich warte nur darauf, dass mein Sohn mich eines Tages ansieht und mich fragt: „Warum bist du so alt? Ich will eine jüngere Mutter." Vor kurzem fragte ich meinen Mann, ob er diese neuen kleinen Linien in meinem Gesicht bemerkt hätte, und er antwortete: „Die hattest du schon immer."*

Mit 50 beginnt das Bindegewebe an Festigkeit und Elastizität zu verlieren. Du weißt plötzlich, was es heißt, eine Grimasse zu ziehen, die dann festfriert. Wenn du aufwachst, hast du die Abdrücke deines Kissens im Gesicht, und sie verschwinden erst langsam nach dem

Frühstück wieder. Das ist das Alter, in dem die braunen Flecken auftauchen, um für immer zu bleiben – Zeichen früher durch die Sonne entstandener Schädigungen. Und plötzlich bilden sich neue Leberflecken und Fibrome, kleine Hautaussackungen. Die meisten Hautauswüchse sind ungefährlich, aber da etliche scheinbar über Nacht auftauchen, verbringen viele von uns eine Menge Zeit beim Arzt, um nachzufragen, ob es sich um Hautkrebs oder eine weitere für die mittleren Jahre typische Hautveränderung handelt.

Jane hat ihre Haut als Erwachsene am Strand fast immer bedeckt gehalten, aber sie kam dennoch nicht ungeschoren davon:

Wir haben alle schon Schäden durch Sonneneinstrahlung erlitten, bevor der Sonnenschutzfaktor erfunden wurde. Ich ließ mir von meinem Hautarzt einen braunen Fleck entfernen, doch da er zu tief schnitt, blieb ein silberfarbener Fleck auf meiner Nase zurück. Also ging ich zu einem Facharzt für plastische Chirurgie und ließ mir die anderen Flecken mit einer Laserbehandlung entfernen. Insgesamt ließ ich mir etwa neun oder zehn wegmachen – rote und braune Flecken und einige Muttermale. Sie gaben mir Valium und ich ging zurück zur Arbeit – das ganze Gesicht mit kleinen Pflastern bedeckt.

Kates Ärztin erzählte ihr, dass einige Frauen zu ihr kämen und Flecken entfernt haben wollten, die sie selbst gar nicht entdecken konnte:

Meine Ärztin fragte eine Patientin, ob sie den ganzen Tag damit verbrächte, mit einer Lupe nach neuen Flecken zu suchen, und die Antwort war Ja. Ich glaube, sie erzählte mir das, weil ich mich wegen meiner eigenen Flecken zwanghaft verhielt und mich fragte, ob die Hormontabletten der Auslöser dafür sein könnten.
Sie erklärte mir, dass die Einnahme von Östrogen vergleichbar mit der Einnahme der Anti-Baby-Pille oder einer Schwangerschaft sei. Ein erhöhter Hormonspiegel führt zu Sonnenempfind-

lichkeit. Was wir einmal als braune Schwangerschaftsflecken kennen gelernt haben, taucht nun in Gestalt dieser kleinen, kartoffelförmigen hautfarbenen Flecken im Gesicht auf.

Es gibt auch noch andere Hautveränderungen, die Spitznamen tragen – Krähenfüße, die schmalen Linien neben den Augen, „Bunny Lines“, die Nasenfalten, und natürlich Leberflecken, die braunen Flecken auf den Händen. Alle diese Veränderungen können durch Lasertherapie, chemische Peelings oder Collagen reduziert werden. Wir können sie jedoch auch mutig ignorieren, so wie Kate es mit ihren braunen Flecken tut:

Seit ich einen Sommer lang ständig mit dem Kanu unterwegs war, habe ich braune Flecken auf meinen Händen. Ich erinnere mich daran, wie ich von einem Ausflug zurückkam und eine meiner Freundinnen rief: „Oh, wo kommen die denn her?“ Ich antwortete, ich hätte mir wahrscheinlich einen Sonnenbrand geholt. Damals war ich 35. In den folgenden Jahren empfahlen mir Freundinnen verschiedene Cremes oder Bleichmittel, mit denen ich versuchen könnte, die Flecken zu entfernen. Eine flüsterte mir sogar zu, sie könnte mir ihr Retin-A borgen. Jetzt habe ich entdeckt, dass es eine Laserbehandlung zur Entfernung gibt, die mindestens 1.000 Dollar kostet. Ich sprach mit meiner Tochter darüber, und sie meinte: „Diese Flecken hattest du schon immer.“ Das mag für ihr Leben sicher zutreffen. Sie erklärte auch, ohne diese Flecken wären meine Hände nicht mehr „Mamas Hände“. Mit 1.000 Dollar weiß ich etwas anderes anzufangen.

Meine Gebärmutter, ein Teil von mir

In den Zeiten unserer Vorfahren wurde über eine Hysterektomie, die Entfernung der Gebärmutter, nur im Flüsterton gesprochen, aber sie war ebenfalls ein Routine-Eingriff bei Frauen, die in die Wechseljahre kamen. Schon allein das Wort war abschreckend, da es mit „Hysterie“ verbunden wurde, einer Gemütskrankheit, die man ausschließlich Frauen zuschrieb. Das ist immer noch recht geläufig.

Nachdem Suki von ihrem Arzt erfahren hatte, dass sie sich einer Hysterektomie unterziehen müsste, klapperte sie ihre bevorzugten Friseursalons ab, um Informationen „direkt an der Quelle“ zu sammeln:

Mein Arzt erklärte mir, was er machen würde und warum es nötig wäre, aber ich musste mit anderen Frauen reden, die das schon hinter sich hatten, um zu wissen, was mich erwartete. Ich fragte all meine Friseurinnen nach Frauen aus ihrem Bekanntenkreis, die sich die Gebärmutter hatten entfernen lassen. Schon bald hatte ich eine Liste von Namen und Telefonnummern und etliche Ratschläge aus zweiter Hand, die meine Freundinnen von ihren Kundinnen aufgeschnappt hatten.
Ich fand heraus, dass die Erholungszeit nach der Operation relativ kurz war und dass mein Sexleben damit nicht vorbei sein würde. Eine der Friseurinnen berichtete: „Viele Frauen sagen, sie seien nachher sehr trocken gewesen, aber ich glaube, dagegen kann man sich etwas besorgen.“ Eine andere Friseurin wusste, was man kaufen musste.

Lange Zeit redeten Mediziner Frauen ein, der Uterus sei direkt mit dem Gehirn verbunden, wenn du also an dem einen Körperteil herumbastelst, musst du mit Konsequenzen für den anderen rechnen. Einige wandten diese Theorie an, um ihren Standpunkt zu vertreten, dass Frauen, die ihren Verstand zu stark beanspruchten, ihre Fähigkeit, Kinder auszutragen, schwächen würden. Natürlich haben sie diese Logik nicht andersherum verfolgt und sind nicht zu der Erkenntnis gekommen, dass eine Frau, die nicht mehr fruchtbar ist, sich ganz auf ihren Verstand konzentrieren und sehr weise werden könnte.

In der Renaissance glaubten die Ärzte, dass sich bei älteren Frauen die Gebärmutter manchmal abtrennt, im Körper zu wandern beginnt und dadurch unkontrolliertes Verhalten auslöst. Und da man es für die beste Methode hielt, bei abnormalem Verhalten irgendetwas zu entfernen, stürzte man sich bevorzugt auf die Gebärmutter. „Wenn ein Chirurg der Meinung ist, ein Körperteil müsse entfernt werden, schießt ihm bei einer Frau mittleren Alters sofort das Wort Uterus durch den Kopf", schreibt Mary Ellmann 1968 in ihrem Buch *Thinking About Women.*

Es ist immer noch gang und gäbe, einer Frau mittleren Alters die Gebärmutter zu entfernen, und die Vereinigten Staaten führen die weltweite Statistik in der Anzahl von Hysterektomien an. Allerdings machen die Frauen jetzt kein Geheimnis mehr daraus. Sara ging zu einer „Gebärmutterparty" am Strand, bei der eine ihrer Freundinnen nach ihrer Hysterektomie ihren Uterus verbrannte. Das fand allerdings in Kalifornien statt.

Die Krankenschwester Sandy brachte ihre Hysterektomie still und leise hinter sich:

Eines Tages bekam ich starke Blutungen. Ich war gerade 50 geworden und war noch nicht im Klimakterium. Sie brachten mich in die Notaufnahme. Ich erinnere mich noch daran, dass die Celtics an diesem Tag ein Entscheidungsspiel hatten. Als sie mir sagten, ich müsste mir die Gebärmutter entfernen lassen, protestierte ich. „Nicht jetzt, so kurz vor der Golfsaison." Fünf Wochen danach stand ich auf dem Golfplatz – ohne meinen Uterus.

Laura ist Lehrerin. Als sie etwa 42 war, begannen ihre Monatsblutungen extrem stark zu werden:

Die Studentinnen flüsterten sich heimlich zu, dass ich Blutflecken auf meinem Rock hatte. Es war erniedrigend – eigentlich sollte das doch ihnen passieren, nicht mir. Nachdem ich jahrelang unter chronischer Anämie litt, mich während meiner

Periode ins Bett legen musste und Handtücher anstelle von Binden verwendete, bestand ich schließlich darauf, dass mein Frauenarzt etwas dagegen unternahm. Er empfahl mir, noch abzuwarten und kein Aspirin zu nehmen; nach ein paar Jahren, wenn ich in die Wechseljahre käme, wäre das alles vorbei.
Ich suchte eine Gynäkologin auf, die mir mit einer einstündigen, einfachen Operation unter Epiduralanästhesie half. Als sie mir sagte, dass sie nun alles entfernt hätte, bat ich sie, meine Körperteile halten zu dürfen. Sie tat mir den Gefallen und legte meine Gebärmutter und meine Eierstöcke über meine gespreizten Beine. Der Uterus glich in Größe und Form einer kleinen Birne, die Eierstöcke sahen aus wie winzige Austern und die Eileiter wie winzig kleine, nudelförmige Anhängsel. Es war ein kathartisches Erlebnis, meine Fortpflanzungsorgane zu halten. Sie hatten mir gute Dienste geleistet und nun konnte ich mich mit einem guten Gefühl von ihnen verabschieden.
Vier Wochen später fuhr ich mit meinem Fahrrad den Strand von Hilton Head entlang. Ich konnte nun endlich wieder mein Haus verlassen, ohne einen riesigen Beutel mit Tampons und Binden mitzunehmen. Heute, drei Jahre später, bin ich davon überzeugt, dass es das Beste war, was mir passieren konnte. Durch die Operation kam ich sofort in die Wechseljahre und ich begann unmittelbar mit einer Östrogenersatztherapie. Ich hatte nie Hitzewallungen oder Probleme mit meinem Sexualleben. Es dauert ein wenig länger, um alles in Gang zu bringen, aber mein Mann und ich kommen gut zurecht.

Die Ursache für Lauras Blutungen waren Myome in der Gebärmutter. Sie betreffen 25 Prozent aller Frauen und sind der Hauptgrund eines Drittels aller Hysterektomien. Myome sind gutartige Tumoren in der Gebärmuttermuskulatur, deren Wachstum durch Östrogene vorangetrieben wird. Viele Frauen, die in die Wechseljahre kommen, leiden unter wachsenden Myomen. Kann man es abwarten, besteht nach der Menopause die Chance, dass sie schrumpfen. Unterdessen können sie jedoch Rückenschmerzen, einen aufgetriebenen Bauch,

Schmerzen im Becken, Krämpfe, Druck auf die Blase und extrem starke Blutungen verursachen. „60 Binden während einer fünftägigen Periode", gibt Cynthia als Erklärung an, warum sie Abhilfe schaffen musste.

Jede dritte Amerikanerin unterzieht sich dieser gängigen Operation und lässt sich vor ihrem 60. Lebensjahr ihre Gebärmutter entfernen, wohingegen es in Frankreich nur eine von 18 ist, so die Autorin Natalie Angier. Aber, wie bei vielen althergebrachten Methoden, gibt es auch hier Skeptiker. Christine, die schon bereit war, diesen Weg zu gehen, sagt: „Einige Frauen halten eine Hysterektomie für die Lösung, andere sehen darin eine Kastration."

Früher war es üblich, mit der Gebärmutter auch die Eierstöcke zu entfernen, eine Art „Zwei für eins"-Angebot des Chirurgen, der meist die Meinung vertrat: „Wenn man schon einmal drin ist ..." Frauen wie Christine lehnen das ab. Sie fragt sich, ob derselbe Chirurg tatsächlich zu einem Mann sagen würde: „Wenn wir schon einmal dabei sind, sollen wir Ihnen dann auch gleich die Hoden entfernen?" Einige Frauen entscheiden sich für eine partielle Hysterektomie, also die Entfernung des Uterus, aber nicht der Eierstöcke. Damit hören die Blutungen auf, aber die Frauen kommen nicht automatisch in die Wechseljahre. Carol ließ sich mit 42 die Gebärmutter entfernen, weil sie Myome hatte, aber sie behielt ihre Eierstöcke und hat mit 50 immer noch keine Anzeichen einer beginnenden Menopause.

Die Debatte über Hysterektomien hat die medizinische Wissenschaft dazu gezwungen, über weniger einschneidende Methoden zur Entfernung von Myomen nachzudenken. Für Christine kam das gerade rechtzeitig:

„Hysterektomie" ist ein sehr emotionsgeladenes Wort. Vor Jahren riet mir eine Ärztin wegen meiner Myome dazu. Ich erklärte ihr, ich wollte meinen Uterus behalten. Als sie wissen wollte, warum, antwortete ich: „Weil ich daran hänge." Ärzte verhalten sich so, als sei es ein nutzloses Organ, das nur zur Fortpflanzung taugt. Ich bin mir da nicht so sicher. Außerdem

weiß ich, dass nicht alle Frauen eine Hysterektomie ohne Probleme hinter sich bringen, und ich habe auch Angst vor den Risiken einer Anästhesie. Zwölf Jahre lang habe ich ein Myom von der Größe einer Grapefruit mit mir herumgeschleppt, bis ich mich schließlich so schlecht fühlte, dass ich einen Termin für eine Hysterektomie vereinbarte.
Dann las mein Mann einen Zeitungsartikel über eine alternative Methode, die sich Myomembolisation nennt. Hierbei wird die Blutzufuhr zum Myom reduziert, sodass der Tumor schrumpft. Mein Arzt hatte mir diese Methode nicht vorgeschlagen – im Gegenteil. Er sagte, dass er mir, wäre ich seine Frau, zumindest eine teilweise Hysterektomie empfehlen würde. Ich informierte mich über das Internet, las alles darüber und erfuhr, dass es sich zwar um einen minimalinvasiven, aber legitimen Eingriff handelte. Also stornierte ich meinen Operationstermin und suchte mir einen Arzt in der Nähe, der diese Methode anwandte. Für die Hysterektomie hatte ich einen Monat Urlaub eingeplant. Drei Tage nach der Embolisation, die ich ambulant vornehmen ließ, ging ich bereits wieder in meinen Gymnastikkurs und nach sieben Tagen arbeitete ich wieder. Am meisten begeistert mich, dass ich jetzt wieder ein Konzert besuchen kann, ohne vor, während und nach der Aufführung zur Toilette rennen zu müssen.

Robertas Mutter ließ sich wegen ihrer Myome mit 40 die Gebärmutter entfernen und als Roberta in ihren Vierzigern ebenfalls Geschwüre bekam, empfahl der erste Frauenarzt, den sie aufsuchte, das Gleiche zu tun:

Er untersuchte mich ungefähr 30 Sekunden lang und riet mir dann zu einer Hysterektomie. Uterus, Eierstöcke, Zervix – alles sollte raus. Ich erklärte, ich wollte meine Eierstöcke behalten, wenn sie in Ordnung wären, weil ich nicht davon überzeugt war, dass sie – selbst wenn sie keine Eier mehr produzierten – nicht doch noch eine nützliche Funktion hätten. Das gefiel ihm nicht.

Als ich ihm dann sagte, dass ich auch meine Zervix behalten wollte, weil sie meiner Meinung nach wichtig für ein befriedigendes Sexualleben sei, lachte er. Ich ging nie wieder zu ihm und bat auch meinen Hausarzt, keine Frauen mehr an diesen Kerl zu überweisen.

4

Das Feuer schüren

Ich wünsche mir einen Mann, der bereit ist, an einer intimen Beziehung zu arbeiten.

Aileen

Gib einfach zu, dass du dich gern mit 14-Jährigen treffen würdest, aber sag nicht, ich sei nicht schön.

Barbara

Allmählich taten mir die Jungs im Teenageralter Leid, weil sie ständig geil waren. Ich hatte immer Lust. Sogar der Busfahrer regte meine Fantasie an.

Carrie

Ich habe schreckliche Angst davor, weil ich so viel zu verlieren habe, und ich weiß, dass ich als Mensch viel besser funktioniere, wenn ich nicht verliebt bin. Aber hätte ich die Wahl, würde ich mich immer für die Leidenschaft entscheiden.

Sam

Wir nehmen beim Sex unsere Brillen ab. So sind wir beide fast blind, wenn wir nackt sind. Ganz gleich, wie alt wir sind – wir sehen für den anderen immer gleich aus, weil wir uns nur verschwommen erkennen können.

Anne

Glühend heiße Mamas

Die Kursleiterin eines Step-Aerobic-Kurses sang gerade lauthals zu dem Song „You can ring my bell ... Dingalingaling“ mit, als sie sich plötzlich umdrehte und – ohne aus dem Takt zu geraten – witzelte: „Das ist schon eine Weile her.“

Die Kursteilnehmerinnen – alle in einem bestimmten Alter – antworteten automatisch mit einem mitfühlenden Aufstöhnen. Kate meint: „Jetzt reißen wir Witze darüber, dass wir nicht ‚genug bekommen‘ – von den Jungs, denen wir genau dasselbe vor 25 Jahren vorgeworfen haben.“

Entgegen überlieferten Mythen scheinen Frauen mittleren Alters Sex mehr zu mögen als einige ihrer männlichen Altersgenossen. In einer Anthologie mit dem Titel *Are You Old Enough to Read this Book*? erörtert John Gray die unterschiedlichen sexuellen Bedürfnisse bei Paaren in den mittleren Jahren und erklärt, dass sich bei Frauen über 50 üblicherweise das Verlangen nach Sex viel stärker bemerkbar macht als bei gleichaltrigen Männern. Sue stellt die Hypothese auf, dass wir Frauen uns in jungen Jahren viel stärker zurückhielten als die Männer:

> *Schon von Geburt an haben sie damit begonnen, ihre Erektionen aufzubrauchen, also ist es kein Wunder, dass sie mit 50 nicht mehr so selbstverständlich zur Stelle sind wie die Sonne, die unweigerlich jeden Morgen aufgeht. Und wir waren all die Jahre verantwortlich für die Empfängnisverhütung, haben mit verschiedenen, unbefriedigenden Methoden experimentiert und ständig für das Erscheinen der monatlichen Erlösung gebetet. Jetzt können wir uns endlich entspannen.*

Wenn wir schon seit langem verheiratet und nicht auf der Suche sind und daher „Safe Sex“ nicht notwendig ist, können wir uns nach Herzenslust gehen lassen. „Ich muss nicht mehr in das Badezimmer rennen, um die Dose mit dem Schaum zu holen, oder warten, bis er sich einen Gummi überstreift", sagt Kate.

> *Es gibt keine Diskussionen mehr darüber, ob er sich zu einer Vasektomie oder ich mich zu einer Eileiterdurchtrennung durchringen soll. Wir brauchen keinerlei ‚Ausrüstung' mehr, sondern warten einfach nur auf den Einsatz unseres großen Jungen*

In ihrem erotischen Buch *Spending* schreibt Mary Gordon über eine Frau mittleren Alters, die nicht nur eine Muse für ihre Kunst, sondern auch einen heißblütigen Liebhaber kennen lernt, und bricht damit eine Lanze für den Sex über 50:

> *In diesem denkwürdigen Moment guten Sex oder zumindest die Aussicht darauf zu haben, ist so, als hätte man jede Menge Geld und würde unter Leuten leben, die gerade so über die Runden kommen.*

Sukie ist davon überzeugt, dass Sex nach der Menopause besser wird:

> *Du kannst ihn viel mehr genießen. Du musst keine Angst mehr haben, schwanger zu werden, und es kümmert dich nicht mehr, ob er dich für eine Schlampe hält und dich am nächsten Morgen noch respektiert.*

Allerdings gibt es auch noch den überlieferten Mythos, dass mit den mittleren Jahren guter Sex vorbei sei, sagt Lynn:

> *Ich fragte meine Therapeutin, ob Frauen in den Vierzigern immer geil seien. Ihre Antwort lautete: „Ja, das ist tatsächlich so." Ich dachte darüber nach, ob ich allmählich in die Wechseljahre käme und danach nie wieder solche Lust empfinden würde. Panik überfiel mich und ich hatte das Gefühl, mich beeilen und sofort noch alle Schokoriegel hamstern zu müssen.*

Keine Sorge. Dr. Nancy Snyderman versichert uns in ihrem Buch *Dr. Nancy Snyderman's Guide to Good Health for Women over Fifty*, dass die Klitoris anscheinend nicht vom Älterwerden betroffen ist und dass sogar viele Frauen nach der Menopause leichter zum Orgasmus kommen. Auch Natalie Angier schreibt in ihrem Buch *Frau – Eine intime Geographie des weiblichen Körpers*: „Die Klitoris ist immer für dich da." Außerdem gibt es Beweise dafür, dass wir ein Alter erreicht haben, in dem Sex umsichtig eingesetzt wird. Im *Women's Health Advocate* wird darauf hingewiesen, dass Sex bei der Vorbeugung gegen Erkältung den gleichen Stellenwert hat wie Vitamin C. In dem Magazin wird eine Studie der Wilkes University aus dem Jahr 1999 zitiert, die zeigt, dass bei Menschen mit wenigen oder keinen sexuellen Erlebnissen das Risiko, sich eine Erkältung einzufangen, größer ist, als bei denen, die regelmäßig Sex haben.

Jillian, eine Künstlerin, die immer ein aktives Sexleben pflegte, entdeckt nun seit der Menopause einige Stolpersteine:

> *Plötzlich bereitet dir ein Pap-Test schon Schmerzen. Ich habe all diese klebrigen Gleitgels ausprobiert, aber an der Feuchtigkeit lag es nicht. Etwas hatte sich in meinem Inneren verändert. Meine Ärztin erklärte mir, die Innenwände meiner Vagina seien dünn wie Papier. Sie nannte es vaginale Atrophie. Autsch! Zu der Zeit hatte ich keinen Freund, also schob ich das Problem einfach zur Seite. Sie sagte, ich könnte eine Östrogensalbe verwenden, die auf lange Sicht das Gewebe stärken würde, aber Östrogen wird immer in Verbindung mit Progesteron eingesetzt und durch das Progesteron in Hormontabletten fühlte ich mich immer etwas seltsam. Schließlich gab sie mir eine Salbe, die eine Kombination aus Östrogen und Progesteron enthielt, und ich glaube, das könnte funktionieren. Jetzt bin ich auf der Suche nach jemandem, den ich lieben kann, zumindest lang genug, um wieder Praxis zu bekommen.*

Einige Frauen ziehen sich für eine Weile einfach zurück. Pamela, eine Versicherungssachbearbeiterin, war fünf Jahre lang sexuell enthaltsam und dachte, das wäre es gewesen. „Aber dann traf ich diesen Mann. Plötzlich waren die altvertrauten Gefühlsregungen wieder da und ich dachte: ‚Okay, hier bin ich wieder.'"

Vor einem Date mit ihrem Freund bekam Sue von ihrer 80-jährigen Freundin eine Flasche Massageöl geschenkt. „Sie riet mir, mich nackt unter die Decke zu legen und ihn zu bitten, mich am ganzen Körper damit einzureiben. Sie sagte, das wäre gut für die Haut und dass wir das regelmäßig brauchten. Und ich glaube, sie meinte damit nicht nur das Öl."

In ihrem Buch *Second Chances* schreibt die Romanautorin Alice Adams romantisch über ein Pärchen in den mittleren Jahren, das sich jeden Sonntagmorgen liebt. Sie beschreibt dieses leidenschaftliche Paar so überzeugend, dass du hoffst, sie kennt diese Geschichte aus erster Hand. Die beiden legten sich jeden Sonntag ins Bett, rauchten einen Joint und verwöhnten sich dann gegenseitig gemächlich. Das Schlüsselwort hierbei ist „gemächlich".

Viele Frauen in den Wechseljahren berichten, dass sie sich Sex in einer anderen Gangart wünschten. So auch Angie: „Sex soll auf Zärtlichkeit aufgebaut werden, kein Grapschen, weniger akrobatische Übungen, mehr Gespräche. Ich mag Sex, der in unserem Alter länger dauert, auch wenn es nur damit zu tun hat, dass wir nicht mehr so schnell in die Gänge kommen wie früher."

Laut einer Studie des National Council on Aging von 1998 geben über die Hälfte aller Amerikaner über 60 an, mindestens einmal im Monat Sex zu haben. 40 Prozent wünschen sich mehr Sex und 75 Prozent erklären, dass sie Sex genauso – oder sogar mehr – genießen als mit 40. Also können wir uns auf etwas freuen – zumindest einmal im Monat. Die Finnen zeigten sich aufgeschlossen und veranstalteten im Sommer 1999 bei Helsinki ein Festival, bei dem Paare auf gekennzeichneten Pfaden zu abgelegenen Wiesen geführt wurden. Damit wurde des *International Year of the Older Person* gedacht und daran erinnert, dass es keine Altersgrenze für guten Sex gibt. Eine Studie des AARP von 1999 belegt, dass Menschen ihre Partner in jedem Lebensalter als romantisch und körperlich attraktiv ansehen. Aber manchmal muss man daran arbeiten. Annuscha sagt:

> *Ein Witz: „Was wünschen sich Lesbierinnen über 40 in ihren Fantasien?" Die Pointe: „Schlaf." Ich glaube, dass die Libido mit zunehmendem Alter abnimmt – dabei spielt es keine Rolle, mit wem du zusammen bist. Wir verabreden uns, gehen zum Essen und dann ins Kino ... und danach schlafen wir ein. Und dann sagen wir: „Na klar, morgen Abend." Vor zwei Jahren haben wir unseren Anschluss für das Kabelfernsehen abbestellt. Wir setzen uns hin und reden miteinander. Wir lesen uns etwas vor und diskutieren über die Zeitungsmeldungen. Aber wir sagen nicht: „Ich bin geil. Warum bist du es nicht?"*

Ihre Partnerin Goldy erklärt dazu:

> *Du musst nicht immer Sex haben. Man kann sich gegenseitig massieren oder ausprobieren, wie lange man sich küssen kann. Könnt ihr zwei Stunden lang küssen?*

Natürlich gibt es auch Frauen, die lieber sagen: „Nein danke!" Germaine Greer und sogar Colette beschrieben ihr Leben ohne Sex als sehr zufrieden stellend. Francine du Plessix Gray schrieb im *New Yorker*: „Die Glücklichen unter uns können sich darüber freuen, dass wir nie wieder als Objekt sexueller Begierde angesehen werden ... Stattdessen müssen wir uns einen tiefer greifenden Einblick in unser Inneres erarbeiten."

Pam war sieben Jahre lang enthaltsam. Auf die Frage, ob sie Sex vermisst habe, antwortet sie:

> *Das ist ein gewisser Mechanismus. Ich beschloss, für eine Weile eine Pause von Männern einzulegen und enthaltsam zu leben. Vorher hatte ich mich wahllos in oberflächliche Beziehungen gestürzt, die mir nicht viel brachten, also ließ ich das bleiben. Ich kann meine Rezeptoren abschalten – ich will Männer nicht mehr auf die Art und Weise anziehen, wie ich es als junge Frau*

getan habe. Aber vor kurzem wurde ich wieder erweckt. Dieses Mal weiß ich genau, was ich von einer Beziehung erwarte. Ich möchte mich mit meinem Partner auf intellektueller Ebene verstehen. Und ich möchte jemanden, der mich nicht vereinnahmt. Ich brauche viel Zeit für mich allein.

Für diejenigen, die immer noch die Glut schüren wollen, gibt es eine ständig wachsende Vielfalt von Hilfsmitteln, die man im Laden kaufen kann. „AstroGlide“ und „Aqua Lube“ klingen eher nach Artikeln, die man in einem Haushaltswarenladen bekommt, aber bei einer Salbe, die sich „Vital Vulva“ nennt, gibt es keinen Zweifel darüber, wofür sie gedacht ist. Die Gebrauchsanleitung veranschaulicht, wie man die Sache ins Rollen bringt. Stellen Sie sich vor, dass Ihre Vagina rosafarben, nass und pulsierend ist. Der Gedanke an glühende Lava kann dabei hilfreich sein. Jillian sagt, bei dem Gedanken an einen Kerl in einem schwarzen T-Shirt auf einem Motorrad wird ihr heiß.

Carrie hatte Fantasien über einen Busfahrer, aber das hing wohl mit einer Überdosis Testosteron zusammen:

Nachdem ich mir die Gebärmutter hatte entfernen lassen, verschrieb mir mein Arzt Östrogen, aber ich bekam davon starke Migräne, also setzte ich es wieder ab. Dann musste ich ständig heulen. Ich konnte meinen Mann und meine Kinder nicht mehr leiden – niemanden mehr. Das hielt ich nicht aus, also suchte ich mir in den Gelben Seiten die erstbeste Frauenärztin heraus und lernte dann eine Arzthelferin kennen, die mir das Leben gerettet hat. Ich erzählte ihr von meinen Migräneanfällen und davon, dass ich seit meiner Hysterektomie das Interesse an Sex verloren hätte. Ich fühlte mich so, als hätte man mich zugenäht.
Sie erklärte mir, dass nicht jedes Medikament, das Östrogen enthält, gleich wirkt, und schließlich fanden wir ein Mittel, das mir keine Kopfschmerzen verursachte. Allerdings sagte sie mir nicht, dass es auch eine kleine Dosis Testosteron enthielt. Ich wurde zum Tier. Ich fühlte mich, als wäre ich 20, und konnte

nicht genug bekommen. Mein Mann dachte natürlich, es läge an ihm – er glaubte, dass er eine Art Don Juan geworden wäre. Aber es lag an mir. Ich bügelte die Wäsche und plötzlich überfiel mich dieses Verlangen. Dann rief ich: „Kommst du, Schatz?“ Ich fing an, Teenager zu bedauern, die immer geil sind. Ich wollte es ständig und hatte sogar Fantasien hinsichtlich des Busfahrers.
Schließlich fragte ich die Arzthelferin: „Was haben Sie mir angetan?“ Als sie mir sagte, dass ich auch Testosteron bekommen hätte, erklärte ich ihr, dass wir das absetzen müssten, bevor mein Mann und ich an einem Herzanfall sterben würden. Jetzt fühle ich mich wieder normal. Meine neuen Östrogentabletten vertrage ich gut und ich fühle mich so sexy wie vor der Hysterektomie. Ich bin nicht mit dem Busfahrer durchgebrannt – mein Mann hat mir einen neuen Wagen gekauft.

Kate erzählt, dass sie immer nach Pärchen Ausschau hält, die noch füreinander schwärmen:

Bei einer Hochzeitsfeier in Los Angeles betrachtete ich die älteren Paare. Sie waren in den Sechzigern oder Siebzigern und tanzten und bewegten sich perfekt miteinander. Man konnte an ihrem Lächeln, an der Art, wie sie die Augen schlossen, den Kopf in den Nacken warfen oder lachten, erkennen, wie sehr sie es genossen, sich zu umarmen und die Haut des anderen zu spüren. Wären sie nicht auf der Tanzfläche gewesen, hätte man beim Zusehen rot werden können.

Es geht nicht nur um Sex

Wenn wir genau zuhören, bemerken wir, dass heute anders über Sex gesprochen wird. Es geht nicht mehr nur darum, wer einen netten Abend im Schlafzimmer verbracht hat, sondern um Dinge, die uns noch mehr anmachen. Frauen sprechen darüber, dass sie mit zunehmendem Alter auf vielfältige Weise erregbarer und sinnlicher werden.

Mimi beschreibt eine neue Art von Bewusstsein, die wie eine Mischung aus begeisterter Entzückung, ausgeprägter Sensitivität und orgastischer Wonne klingt:

Manchmal versetzt es mich in Erregung, wenn ich einen geschwungenen Zweig sehe oder das Fell meines Hundes berühre. Ich will Dinge anfassen, mich daran reiben. Es gefällt mir, Männer anzuschauen. Und Frauen auch. Ich spüre eine überwältigende Sinnlichkeit, die mir mit 30 noch fremd war. Vielleicht liegt es an den Wechseljahren und daran, dass ich allein stehend bin und schon seit einer Weile keinen Liebhaber mehr hatte. Ich glaube, dass Frauen sich ihrer sexuellen und sinnlichen Gefühle durchaus bewusst sind – wir leugnen sie nur oft, weil es diesen Mythos gibt, dass nur Männer an Sex denken. Vielleicht ist es der letzte Adrenalinstoß in meinem Sexualleben, aber ich wünschte mir, diese Gefühle würden für immer anhalten. Leidenschaft, Verlangen.

Sophie hat sich früh aus ihrem Job als Journalistin und Herausgeberin einer Zeitung zurückgezogen, um nach Mexiko zu ziehen und einen Roman zu schreiben. Sie ist der Überzeugung, dass ihre neu gewonnene Freiheit, sich auf alle Sinne zu konzentrieren, mit dem richtigen Timing und dem Alter zusammenhängt:

In unserer fruchtbaren Phase brauchen wir eine Menge Energie und Konzentration. Wenn wir das hinter uns gebracht haben und unsere Eierstöcke sich zur Ruhe setzen, haben wir körperlich und geistig mehr Kraft für andere Dinge. Ich kann kleine Kinder beobachten und mich dabei nur darüber freuen, wie entzückend sie aussehen – sie erinnern mich nicht mehr daran, dass ich Wäsche waschen und kochen muss. Auch die Tatsache, dass ich nicht mehr zur Arbeit gehen muss, trägt dazu bei. Ich habe jetzt

Zeit, mich an Bildern, Farben, Geschmäcken, Gerüchen und Geräuschen zu erfreuen und mich darauf zu konzentrieren. Auf vielerlei Arten ist dieses Alter viel erotischer als die früheren Jahre, in denen wir stark auf Sexualität fixiert waren. Jetzt können wir sinnliches Vergnügen befreit erleben und müssen es nicht mehr auf sexuelle Charakteristika beschränken.

Auch Lily genießt in vielen Situationen das lodernde Feuer:

Als ich noch jünger war, wusste ich manche Momente nicht zu schätzen. Jetzt bin ich manchmal von Liebe und Glückseligkeit erfüllt und mittlerweile weiß ich, dass dieses Gefühl immer wieder kommen wird. Ich fühle es, wenn ich mit meinem Hund spiele oder das Gesicht meiner Tochter in die Hände nehme und sage: „Ich liebe dich." Ich bin mir der Menschen in meiner Umgebung und der Dinge, die ich jetzt gezielt tue, bewusst – das ist meine Art der Spiritualität.

Sich noch einmal verlieben

Sam ist Geschäftsführerin, hat zwei Kinder im Teenageralter, ist seit zehn Jahren geschieden und wusste ihr Singledasein zu schätzen. Doch plötzlich bekam sie Sehnsucht:

Ich genieße es, mit meinen Hunden und einem Buch in meinem Bett allein zu sein. Aber manchmal fühle ich mich einsam. Eines Tages kam ich von der Arbeit nach Hause und jemand hatte die Mülleimer von der Straße hinter das Haus gebracht. Wahrscheinlich war es einer der Männer, die mein Haus strichen. Diese Geste rührte mich zu Tränen – sie erinnerte mich an Partnerschaft, daran, wie man Dinge gemeinsam tut.
Kurz darauf verliebte ich mich unsterblich in einen Mann, mit dem ich mich ein Jahr zuvor ein paarmal getroffen hatte. Ich

habe schreckliche Angst, weil ich so viel zu verlieren habe, und ich weiß, dass ich als Mensch viel besser funktioniere, wenn ich nicht verliebt bin. Aber hätte ich die Wahl, würde ich mich immer für die Leidenschaft entscheiden. Es ist ein wunderbares Geschenk, mit 53 Jahren – trotz der Spuren, die die Zeit und die Erdanziehungskraft an meinem dürren Körper hinterlassen haben – geliebt zu werden.

Als Sydney nach ihrer dritten Scheidung wieder mit einem Mann ausging, überraschte sie nicht nur ihre Mutter, sondern auch sich selbst:

Meine Mutter dachte wohl, dass ich es nach drei Ehen aufgeben würde, eine alte Jungfer werden und mit ihr Kreuzfahrten machen würde. Ich war wirklich nicht auf der Suche, doch dann tanzte ich mit diesem wundervollen Mann in der Küche und fühlte mich wie Meryl Streep mit Clint Eastwood in „Die Brücken am Fluss". Er spricht Klartext mit meinem Sohn und mein Sohn diskutiert sogar mit ihm. Außerdem mag er Antiquitäten und Hunde. Mit 54 bin ich noch einmal eine Braut geworden.

„Ich glaube, mit zunehmendem Alter werden wir wählerischer", meint Sue, die sich in ihren Vierzigern von ihrer Jugendliebe scheiden ließ und kein großes Verlangen mehr verspürt, noch einmal zu heiraten:

Vielleicht würde ich es mir anders überlegen, wenn ich mich Hals über Kopf verlieben würde. Ich glaube, nur so könnte ich es ertragen, jemanden jeden Tag um mich zu haben. Aber ich genieße es, die Sache am Laufen zu halten. Auf meiner Reise in Deutschland traf ich im Zug einen Mann, den ich sehr attraktiv fand, und offensichtlich war auch er fasziniert von mir. Er sprach nicht Englisch, also konnten wir uns nicht unterhalten, aber die Blicke, die wir uns zuwarfen, waren sehr aufregend.

Pam lernte einen Mann kennen, als sie in einem Supermarkt in der Schlange stand:

Er hatte einen Strauß gelber Rosen, eine Flasche Wein und eine Kiste mit Feuerholz besorgt und ich spürte die altvertraute Anziehung, obwohl ich annahm, dass er diese hübschen Dinge für seine Frau kaufen wollte. Wir unterhielten uns auf dem Parkplatz und er erzählte mir, dass er immer Blumen für sein Apartment kaufte, obwohl er allein lebe. Schließlich fuhren wir beide los, aber an der nächsten Ampel hielt ich am Straßenrand an. Er blieb neben mir stehen und ich kurbelte mein Fenster herunter und reichte ihm meine Visitenkarte. Mal schauen, was daraus wird.

Aileen arbeitet zu Hause und seit ihre Tochter vor kurzem ausgezogen ist, verbringt sie sehr viel Zeit allein:

Ich möchte jemanden kennen lernen, der sein eigenes Leben lebt. Ideal für mich wäre ein Mann, mit dem ich mich am Wochenende treffen, Spaß haben und verreisen könnte. Mit 70 könnten wir ja dann vielleicht zusammenziehen. Ich treffe viele Männer durch meine Arbeit und durch Freunde, aber in Bezug auf eine Partnerschaft setze ich hohe Maßstäbe an. Ich möchte einen Mann, den ich lieben kann und der mich liebt, aber ich will nicht emotional für ihn verantwortlich sein. Ich wünsche mir einen Mann, der bereit ist, an einer intimen Beziehung zu arbeiten.

Zeitlose Liebe

Vor allem unter älteren Männern hält sich der Mythos immer noch hartnäckig, dass junge Frauen Männer im fortgeschrittenen Alter sexy finden und auf sie abfahren, so schreibt Natalie Angier in ihrem Buch *Frau – Eine intime Geographie des weiblichen Körpers*. Sie sinnt darüber nach, ob sich Frauen vielleicht von älteren Männern angezogen fühlen, weil diese Macht und Geld besitzen, oder ob es daran liegen könnte, dass sie umgänglicher und dankbarer als ihre jüngeren, großspurigeren Konkurrenten sind. Angier weist auch darauf hin, dass die Verbindung eines älteren Mannes mit einer jungen Frau das tatsächliche Kräfteverhältnis in unserer Gesellschaft darstellt, in der Männer über Frauen stehen und Jung vor Alt Vorrang hat.

In der Hollywood-Version, die so vielen von uns schlechte Laune beschert, ist ein alter Kerl glücklich mit einem mit Trophäen geschmückten Nymphchen vereint. Im wirklichen Leben kann es jedoch vorkommen, dass eine Frau in den mittleren Jahren zumindest in den Augen ihres Partners für immer jung bleibt.

Lily hatte sich eigentlich immer nur mit Männern ihres Alters verabredet, doch jetzt, mit 51, lebt sie mit einem 65-Jährigen zusammen – und das bereits seit fünf Jahren:

> *Ich wollte schon immer mit jemandem zusammen sein, der meinen kulturellen Erfahrungsschatz mit mir teilt, und ich war überrascht, dass es zwischen uns keine Generationsprobleme gab. Das liegt meiner Meinung nach daran, dass er nicht in der Vergangenheit verhaftet ist. Wir können uns über Janis Joplin und Eric Clapton unterhalten, aber er kann auch mit meiner Mutter über alte Filmstars reden, deren Namen ich nicht einmal kenne.*
>
> *Trotzdem mache ich mir Sorgen darüber, mit einem Menschen mein Leben zu teilen, der so viel älter ist als ich. Ein gesundheitliches Problem könnte auftauchen und ich müsste mich um ihn kümmern. Ein Jahr, nachdem wir uns kennen gelernt hatten, bestand bei mir Verdacht auf Brustkrebs, und das hat mir die Augen geöffnet. Ich hörte auf, mir Sorgen über sein Alter oder eventuelle Krankheiten zu machen, weil ich begriffen hatte, dass es in keiner Partnerschaft eine Garantie dafür gibt, wer zuerst krank wird. Manchmal habe ich jedoch das Gefühl, mehr in seinem Alter als in meinem zu sein – so als gäbe ich meine Fünfziger auf, weil er schon in den Sechzigern ist. Ich frage mich, was ich täte, wenn ich mit einem Mann meines Alters*

zusammen wäre. Würden wir Dinge unternehmen wie Wasserskifahren? Aber unser Leben gefällt mir. Ich bin ohnehin eher der Typ, der gern Tee trinkt, sich unterhält und Spaziergänge unternimmt. Und weil er vor Energie sprüht, taucht der Gedanke gar nicht auf, mit einem armen alten Kerl zusammen zu sein.
Impotenz war ein Thema für uns. Als wir zum ersten Mal miteinander ins Bett gingen, hatte er keine Erektion. Ich dachte mir jedoch: „Er hat sich erstaunlich unter Kontrolle – er verhält sich so korrekt und möchte mich nicht dazu drängen." Meine eigene Sexualität war auf Eis gelegt, während ich alles über den Penis und Impotenz lernte. Wir probierten einiges aus, bis dann Viagra wirkte. Das hat mir geholfen, damit klarzukommen. Jetzt muss ich nicht mehr die ganze Zeit an seine Erektion denken, wenn wir uns lieben.

Eve, eine Hochschullehrerin, war noch sehr jung, als sie ihren älteren Mann kennen lernte. Sie waren 18 Jahre lang zusammen und sie glaubt, dass die Anziehung vor allem seinem Selbstvertrauen zuzuschreiben war:

Zuerst bestand eine unglaubliche sexuelle Chemie zwischen uns. Ich denke, dass diese Chemie teilweise auf seine Energie zurückzuführen war, darauf, dass er genau wusste, wer er war und wozu er auf diese Welt gekommen war, und auf seinen Sinn für Effizienz und Können. Diese Qualitäten finde ich immer noch unwiderstehlich. Ich war erst 17 und besuchte das College. Wir wurden sofort Freunde und zwei Jahre später, als er die Universität verließ, ein Paar. Als ich 24 war, zogen wir zusammen. Bei ihm wurde Lungenkrebs diagnostiziert, als ich 40 war, und er starb in meinem 42. Lebensjahr. Er war 68.
Ich glaube, ich habe mich während unserer Partnerschaft mehr verändert als er. Ich war ein junges Ding, das sich voll und ganz auf die Stärke seines Partners verließ. Allerdings sah ich mich nie in der Rolle eines Nymphchens. Wir stritten uns manchmal, betrogen uns und durchlebten schlechte Zeiten, aber wir liebten es, uns zu unterhalten. Oft schalteten wir in der Küche alle

Lichter bis auf das im Herd aus, setzten uns auf die Arbeitsplatte, lehnten uns mit dem Rücken an die Schränke und quatschten die ganze Nacht.

Die Kombination einer älteren Frau mit einem jüngeren Mann ist weniger üblich als die umgekehrte Variante, aber es gibt einen Trend dazu, wie Sara Davidson herausfand. In ihrem Buch *Ein verdammt gutes Gefühl* beschreibt sie ihre Liebesbeziehung zu einem jüngeren, weniger gebildeten Mann und in einem Interview verriet sie mir, dass sie immer mehr Frauen kennen lernen würde, die einen ungleichen Partner und ein strahlendes Lächeln im Gesicht hätten. „Viele Frauen berichten mir, dass ein Cowboy in ihr Leben getreten sei. Keiner, der Stiefel und Sporen trägt, aber das falsche Alter, die falsche Erziehung, die falsche Nationalität und den falschen Job besitzt. Aber es funktioniert."

Vicky wurde in dem Jahr 50, in dem ihr Mann seinen 40. Geburtstag feierte. Als sie sich kennen lernten, war er ein eingefleischter Junggeselle und Vicky war Mutter und frisch geschieden von einem auf internationaler Ebene tätigen Rechtsanwalt. Sie war an glamouröses Stadtleben gewöhnt, während er sich in den abgeschiedenen Weiten Missouris zu Hause fühlte:

In meinem alten Leben gehörte ich zu der Gesellschaftsschicht, in der die Leute eine Menge Geld ausgaben und sich amüsierten. Als ich 40 war, hob sich der Vorhang. Ich lebte mit zwei kleinen Kindern 9.000 Meilen von den Vereinigten Staaten entfernt und beschloss: „Das war's." Mit dem Geld aus meiner Scheidungsabfindung kaufte ich ein Haus in den Ozarks. Ich war in einem anderen Teil Missouris groß geworden und wusste, dass der Ort eine raue Schönheit und einen ebensolchen Ruf besaß. Als ich dort einen Laden betrat, sah ich diesen Mann, der seine Füße auf einen Kamin gelegt hatte, und mich überkam ein Gefühl, das ich seit Jahren nicht mehr verspürt hatte. Er war ein autodidaktischer Künstler und gab Kurse. Ich verschwieg mein Diplom in Kunsterziehung, damit ich bei ihm Unterricht nehmen und ihn

sehen konnte. Damals hatte ich schon seit sieben Jahren kein Date mehr gehabt.
Ich befürchtete, ich könnte ihm zu alt sein, aber es machte ihm nichts aus. Es hat niemals eine Rolle gespielt. Jetzt mache ich mich über den Altersunterschied lustig und behaupte, ich sei eben einfach weiser. Ich fühle mich noch jung, aber nicht so wie er, weil ich mich noch genau daran erinnere, wie ich mich mit 40 gefühlt habe. Heute bin ich viel glücklicher. Wir haben Rollen getauscht. Er hatte vorher nie die Möglichkeit gehabt, jeden Tag zu malen, und ich hatte noch nie ein Geschäft geführt. Jetzt schreibe ich, ziehe Hühner auf und richte eine Bücherecke in dem Laden ein. Früher gab es ein ungeschriebenes Gesetz für Frauen, das besagte, du sollst keinen Mann heiraten, der jünger, kleiner oder weniger gebildet ist als du. Als ich noch jünger war, wünschte ich mir einen großen, gut aussehenden, reichen Mann, aber mein Ehemann ist perfekt für mich, weil er stark und bodenständig ist.

Dawn ist Mitte 40 und lebt mit einem 25-Jährigen zusammen:

Er besitzt eine innere Weisheit und ist in seiner Reife seinen Jahren voraus. Als ich ihn kennen lernte, war mein erster Gedanke: „Meine Güte, das musst du dir gut überlegen!" Aber ich konnte einfach nicht anders. Wir waren beide schon verheiratet. Seine Kinder sind im Vorschulalter und meine gehen bereits aufs College, aber wir kochen beide gern, gehen wandern und joggen.
Ich glaube, viele Leute haben Vorurteile gegenüber Verhältnissen zwischen älteren Frauen und jüngeren Männern, weil Frauen in einer Beziehung der Anker sein sollen. Wir haben die Maßstäbe gesetzt. Wenn ein Mann etwas Ungewöhnliches tut, ist das in Ordnung – nicht so bei einer Frau. Ein Verhältnis mit einem jüngeren Mann verstößt gegen die Regeln. Die Einstellung der Gesellschaft berührt uns als Paar jedoch nicht. Er hat Freunde in meinem Alter und ich habe Freunde in seinem Alter. Ich denke überhaupt nicht darüber nach, wie alt ich bin.

Bei Pam ging es in erster Linie um den körperlichen Aspekt, als sie sich mit jüngeren Männern traf. Sie glaubt, dass sie damit die Keuschheit in ihrer eigenen Jugend wettmachen wollte:

> *Bei meinem ersten sexuellen Erlebnis wurde ich schwanger und bin somit von einer 17-jährigen Jungfrau zur Mutter geworden. Ich meinen Dreißigern erlebte ich eine zweite Kindheit und das machte für mich den Reiz an jüngeren Männern aus – Männer, mit denen ich mich nicht hatte verabreden können, als ich so alt war wie sie.*
>
> *Natürlich haben sie Beine wie Baumstämme, was ich sehr anziehend finde, und das, was ihnen an sexueller Finesse fehlt, machen sie durch ihren Enthusiasmus wett. Aber es geht auch darum, dass sie etwas unternehmen wollen – Fischen, Wandern und Motorradfahren. Die Männer meines Alters wollen oft nur zu Hause sitzen, Bier trinken und Football anschauen.*
>
> *In meinen Vierzigern hatte ich einige Affären mit jüngeren Männern, unter anderem auch eine langjährige Beziehung mit einem 25-Jährigen mit einem Puppengesicht. Er war keine mentale Herausforderung, aber er war lustig und süß. Einer meiner besten Freunde ist schwul und wir zogen oft durch die Kneipen und gingen gemeinsam auf Männersuche. Ich zitierte dann immer Cher, die einmal gesagt hat: „Zieht ihn aus, wascht ihn und bringt ihn in mein Zelt.“*

Leigh war 55 und verheiratet. Er war allein stehend und 32. Der Hochschullehrerin Leigh gefiel vor allem der Intellekt ihres jungen Liebhabers:

> *Er war nicht nur gescheit, sondern intellektuell auf höchstem Niveau. Wir konnten über alles reden. Oft blieben wir bis spät in die Nacht auf, redeten und liebten uns. Ich war begeistert von dem Einblick in eine jüngere Kultur und von den neuen Ideen, die er mir vermittelte. Es gefiel mir, mehr über zeitgenössische Theorien zu erfahren und ihm zu zeigen, wie man lehrt. Ich liebte auch seine sexuelle Ausdauer. Ehrlich gesagt war ich völlig*

verblüfft davon, denn mein Mann war selbst in jungen Jahren nie so gewesen.
Schlimm war nur, dass er unter unserem Altersunterschied litt. Er schämte sich, mit einer so viel älteren Frau zusammen zu sein, und vermied es, mich seinen Freunden vorzustellen. Ich habe viel darüber nachgedacht. Zuerst mussten wir unsere Beziehung natürlich geheim halten, um uns selbst daran gewöhnen zu können, dass wir ein Paar waren. Doch es steckte noch mehr dahinter. Vielleicht war er, trotz seiner Kultiviertheit, ein Kind seiner Ära und fühlte sich unsicher, weil er keine junge schöne Frau an seiner Seite hatte.
Durch die Beziehung zu ihm fühlte ich mich jünger – und ich sah auch jünger aus. Ich war und bin immer noch sehr stolz darauf, dass ich etwas entdeckt habe, das ich wollte, und es mir geholt habe. Ich habe den ersten Schritt gemacht und war in den meisten Bereichen unserer Beziehung die Initiatorin. Diese Selbstverwirklichung gab mir Mut für andere Veränderungen in meinem Leben. Wir sprachen von Anfang an darüber, dass das nichts für die Ewigkeit sei. Trotzdem war es sehr schwer für mich, als er eine andere Frau kennen lernte. Viele Jahre lang konnte ich an keinem Motel vorbeigehen, ohne zu weinen. Wahrscheinlich vermisse ich am meisten die Lebendigkeit meines Verstands, die ich in seiner Gegenwart empfand.

Will you still need me, will you still feed me?

Kate ist seit 15 Jahren mit einem sechs Monate jüngeren Mann verheiratet:

Der Willkommensbrief von AARP an meinen Mann machte mir mehr Sorgen als mein eigener. Manchmal habe ich das Gefühl, dass ich mit meinem Älterwerden gut fertig werde, solange ich ihn nicht daran erinnern muss, dass auch er älter wird. Der Ehemann einer meiner Freundinnen ging mit 75 mit einer jüngeren Frau fremd. Also stürzte sie sich in ein kurzes Liebesabenteuer mit einem 80-Jährigen, der ihr französische Schimpfwörter beibrachte. Ich bewunderte ihre Chuzpe, aber ich will mir mit 80 keine Gedanken darüber machen müssen, dass mein Mann das Bedürfnis hat, jünger zu sein. Als mein Mann mir vorschlug, meine Haare zu färben, war ich mir nicht sicher, ob er damit mich oder sich selbst um Jahre jünger aussehen lassen wollte.

Kate suchte Rat bei ihrer Großtante, die davon überzeugt ist, dass Frauen besser mit dem Älterwerden zurechtkommen als Männer:

Sie meinte, für Männer sei es am schlimmsten, wenn sie keine Erektion mehr bekommen – das sei, als wäre der beste Freund nach Europa ausgewandert. Sie erklärte mir, dass ich mit zunehmendem Alter auf bestimmte Dinge wie richtige Ernährung und körperliche Betätigung achten müsse. Mit allem anderen, so riet sie mir, solle ich so gelassen wie nur möglich umgehen.

Anne ist 64 und seit 18 Jahren mit einem gleichaltrigen Mann verheiratet. Sie erzählt, er mache sich viel mehr Sorgen um das Älterwerden als sie:

Genau genommen macht er sich mehr Gedanken um den Tod als ich. Meine Sorgen betreffen in erster Linie meine Kinder – wer wird sich um sie kümmern, wie wird ihr Leben verlaufen, wie werden sie zurechtkommen? Er sorgt sich eher darum, ob er alles in seinem Leben ausgeschöpft hat, den Anforderungen entsprochen und jede Minute voll und ganz genützt hat. Wir kümmern uns nicht übermäßig um den kosmetischen Aspekt des Alterns. Natürlich beklagen wir uns über Haarausfall – ich –

oder über schlaffe Muskulatur – er – oder die Zunahme des Taillenumfangs – beide. Meistens reißen wir jedoch unsere Witze darüber. Allerdings bemühen wir uns ernsthaft um einen gesünderen Lebensstil mit weniger Stress und versuchen, wenigstens gut, wenn auch nicht mehr ganz so elegant auszusehen.
Ich bin mir bewusst, dass sich Frauen und Männer mit zunehmendem Alter unterschiedlichen, aber gleichgewichtigen Herausforderungen stellen müssen. Wir müssen uns mit den Wechseljahren herumplagen und haben Angst vor Brustkrebs, aber sie haben Probleme mit der Prostata und Bluthochdruck. Was Falten und schlaffe Haut betrifft, gibt es sowohl Männer als auch Frauen, die sich darüber Gedanken machen. Aber es gibt auch bei beiden Geschlechtern solche, die sich davon nicht irritieren lassen. Vielleicht ist es in einigen Berufssparten, wie zum Beispiel in der Schauspielerei, für Männer im Alter leichter als für Frauen, aber ich finde, dass es bei beiden Geschlechtern solche gibt, für die es leichter ist, und andere, die schlechter damit zurechtkommen.

Goldy und Annuscha sind seit zwölf Jahren zusammen und erleben ihre mittleren Jahre und die Menopause gemeinsam. Einige ihrer heterosexuellen Freunden glauben, dass es zwei mitfühlenden Frauen leichter fällt, mit diesem Prozess fertig zu werden. Goldy meint dazu:

Das Leben ist hart. Ich bin sehr froh, dass ich es mit jemandem teilen kann. Und ich glaube nicht, dass es uns leichter fällt, älter zu werden, weil wir beide Frauen sind. Allerdings hilft uns die gegenseitige Anteilnahme. Wir haben jede unseren eigenen Körper. Mit Männern könnten wir wahrscheinlich nicht so gut über bestimmte Teile unseres Körpers sprechen. Wenn sie Krämpfe hat, kann ich nachempfinden, wie es ihr dabei geht. Aber meine Hormonveränderungen verlaufen nicht genauso wie ihre. Ich glaube, für ein Pärchen ist es sehr wichtig, Mitgefühl zu empfinden.

> *Ebenso wichtig ist es für mich, dass wir füreinander attraktiv bleiben. Ich möchte immer hübsch aussehen, damit sie mich anziehend findet. Mir liegt viel daran, wie sie mich wahrnimmt.*

Maria ist zehn Jahre älter als ihr Mann und erwartete, dass das sexuelle Verlangen bei beiden zur gleichen Zeit abnehmen würde:

> *Für mich war das in Ordnung. Ich freute mich eigentlich schon darauf, wieder mehr lesen zu können. Ihm gefällt das jedoch nicht – er will nicht, dass sich unser Sexleben ändert. Damit wir beide zufrieden sind, vereinbaren wir jeden Freitag ein romantisches Date. Unseren 21-Jährigen bitten wir, um spätestens halb sieben Uhr aus dem Haus zu sein. Mein Mann und ich haben vereinbart, dass wir nicht streiten oder über geschäftliche Dinge sprechen. Ich versuchte es einmal mit roter Bettwäsche aus Satin. Zu heiß. Aber vielleicht sollte ich es einmal mit Pfauenfedern probieren. Für uns ist das der Einstieg ins Wochenende und wir freuen uns jedes Mal darauf. Manchmal ziehe ich mir etwas Besonderes an, wie zum Beispiel mein rotes Höschen mit Strasssteinen, und dann tanzen wir miteinander. Deshalb müssen die Kinder auch aus dem Haus sein. Niemand tanzt mit dir, wenn man befürchten muss, dass jeden Moment die Kinder hereinplatzen könnten. Wir halten uns auch einen Teil unseres Urlaubs füreinander frei. Ein anderer Ort und ein fremdes Bett mit schöner Aussicht können sehr anregend sein.*

Anne erzählt, dass sie und ihr Mann beide ihre Brillen absetzen, wenn sie sich ausziehen: „Wir nehmen beim Sex unsere Brillen ab. So sind wir beide fast blind, wenn wir nackt sind. Ganz gleich, wie alt wir sind – wir sehen für den anderen immer gleich aus, weil wir uns nur verschwommen erkennen können."

Adele und Peggy sind seit 15 Jahren zusammen und Mütter von zwei Kindern. Sie reagieren unterschiedlich auf die mittleren Jahre. Peggy sagt:

Ich fühle mich wie 35. Körperlich bin ich aktiver als je zuvor. Im vergangenen Jahr habe ich mir meine Augen operieren lassen und wenn ich jetzt in den Spiegel schaue, kann ich es kaum glauben, dass ich 48 bin. Früher stellte ich mir unter 40-Jährigen matronenhafte Frauen vor. Ich war mit 40 schwanger. Ich spiele Tennis in der Liga, mache Gartenarbeit und laufe.

Adele sagt, sie sei müde:

Ich habe nicht mehr so viel Energie wie früher. In meinem Beruf als Fotografin bemerke ich, dass meine Augen nicht mehr so scharf sind, wie sie einmal waren, und gleichzeitig ist mein Bedürfnis, erfolgreich zu sein, viel Geld zu verdienen und Ruhm zu erlangen, nicht mehr so stark wie früher – und das ist eine Erleichterung für mich.
Peggy und ich haben meist die gleichen Wünsche für unser Leben. Ich bin weniger wegen meiner sexuellen Neigung mit einer Frau zusammen, sondern eher, weil mein Naturell eher dem einer Frau entspricht. Wir neigen beide dazu, alles zu Tode zu reden. Obwohl wir verschieden sind, verstehen wir einander – sowohl körperlich, als auch geistig. Ich glaube, mit zunehmendem Alter begreift man besser, was man für eine glückliche Beziehung braucht. Es gab eine Zeit, in der ich nicht sehr an Sex interessiert war, aber jetzt bin ich wieder ganz bei der Sache, und das finde ich schön. Wie alle Pärchen, die schon länger zusammen sind, machen wir uns Gedanken, wenn wir ein Studie darüber lesen, wie oft andere Leute Sex haben. Peggy sagt dann: „Meine Güte, es ist schon wieder eine Woche her! Wir sollten es wieder einmal tun."

5

Nicht ganz so wie geplant

Manchmal habe ich Hitzewallungen, wenn ich stille.

Lucy

Ich hatte ein schönes, bequemes und lustiges Leben, aber auf gewisse Weise war es auch eine Katastrophe.

Beth

Mein Ehemann fiel beim Joggen tot um, also zog ich nach Florenz.

Belle

Ich werde niemals Auslandskorrespondentin werden

In ihren Vierzigern und Fünfzigern begann sich Leighs Leben zu verändern. Sie schrieb ihre Doktorarbeit, bekam eine Vollzeitstellung an einer Universität, erhielt eine Reihe von Auszeichnungen für ihre Lehrtätigkeit, ging in die Forschung und veröffentlichte ein Buch, beendete ihre Ehe, verliebte sich wieder, eröffnete ein Asyl für obdachlose Frauen, verlor einige Freunde und Familienangehörige durch Krebs und erarbeitete sich eine, wie sie es bezeichnet „neue, fruchtbare, aber manchmal schwierige Beziehung zu meinen Kindern". Sie erklärt dazu:

> *Als ich in meinen Vierzigern wieder begann, die Schulbank zu drücken, war ich begeistert davon, mit Leuten aller Altersklassen zusammen zu sein. Diese aufregende intellektuelle Atmosphäre faszinierte mich. Mein engster Freund in dieser Zeit war 20 Jahre jünger als ich, aber wir waren politisch auf einer Wellenlänge. Jetzt, mit 62, habe ich das Gefühl, mich gerade vorsichtig den mittleren Jahren anzunähern. Älter zu werden war für mich nie eine Enttäuschung. Obwohl ich im Augenblick sehr einsam bin, würde ich mein Leben niemals gegen ein anderes eintauschen, und ich freue mich darauf, was der Rest des mittleren Alters mir noch bringen wird. Die letzten 20 Jahre waren wirklich die vergnüglichsten und erfülltesten meines Lebens. Gestern sah ich mir Familienfotos an und fand einige, auf denen ich als heranwachsende Frau zu sehen war. Um nichts auf der Welt möchte ich noch einmal in diesem Alter sein.*

Die Frauen unserer Generation sind von einer sich wandelnden Zeit gesegnet – wir haben viel mehr Möglichkeiten, zu wählen, als unsere Mütter und haben uns mutig in die verschiedensten Richtungen zerstreut. Wenn wir jedoch in unseren mittleren Jahren an einen

Scheideweg gelangen, tut sich das Problem auf, dass es bei dieser großen Auswahl an Möglichkeiten sehr viele Wege gibt, die wir niemals beschritten haben.

Was bedauern wir? Kate meint dazu:

Ich wollte immer ein Hippie sein, aber in den 1960ern war ich dazu viel zu konservativ. Ich beendete die Schule, heiratete, ging zur Arbeit und wollte ein Haus kaufen. Nur an den Wochenenden verhielt ich mich wie ein Hippie. Da ich in Südkalifornien am Strand lebte, war das nicht schwierig. Unter der Woche spielte ich einwandfrei meine Rolle im Establishment. Ich hatte einen Job, eine Betriebsrente und war in der Gewerkschaft. Ich war abgesichert, aber ich beneidete die Freidenker, die ihren Herzen folgten – einschließlich der Frauen, die mit vielen Männern schliefen, in Wohnwagen lebten und nicht im Traum daran dachten, einen Versicherungsvertrag zu unterschreiben. Ich wünschte, ich wäre mutig genug gewesen, so frei zu leben, als ich die Möglichkeit dazu hatte. Ich habe es nicht nach Woodstock geschafft.

Jetzt bin ich Mitte 50 und kann auf eine solide Karriere und eine gesicherte Rente stolz sein, und meine Freunde, die damals den wilden und verrückten Weg gewählt haben, beneiden mich um meine Absicherung. Aber ich denke, sie haben mir einige Abenteuer voraus.

Lily ging von der Hochschule ab und traf einen Mann, der sie einlud, sich auf den Rücksitz seines Motorrads zu schwingen. Er nahm sie mit zur Farm seines Großvaters und so begann ein großer Umweg im Mittleren Westen:

Ich wuchs mit dem Glauben der 1950er-Jahre auf, dass ich im College meinen zukünftigen Mann kennen lernen würde, mit ihm in eine Kleinstadt ziehen und dort als Lehrerin arbeiten würde. Stattdessen landete ich bei einer Großfamilie, zog Hühner und Babys auf und machte Schinken von unseren eigenen Schweinen.

Es war eine großartige Zeit. Wir hörten oft Bluegrass Music. Ich hatte einen Garten, fühlte mich nützlich und erfüllt und war am Ende des Tages erschöpft. Allerdings bedaure ich, dass ich mich nicht für etwas entschieden habe, das mir während meiner Schulzeit vorschwebte, und dabei blieb.
Jetzt bin ich 51 und weiß nicht recht, was ich als Nächstes tun soll. Ich arbeite für eine gemeinnützige Organisation und obwohl ich gut mit meinen Kollegen auskomme, habe ich das Gefühl, ich sollte mich nach etwas anderem umschauen. Als ich 50 wurde, ging es mir mies. Ich war verzweifelt und wusste nicht, wohin ich gehen und was ich tun sollte. Meine zweite Tochter zog aus und ich vermisse sie, obwohl ich sie nicht noch einmal großziehen möchte. Ich verspüre einen selbst auferlegten Druck, mich weiterzuentwickeln, eine Entscheidung darüber zu treffen, was ich als Nächstes tun soll. Wenn ich das auf spiritueller Ebene überdenke und nur den jetzigen Moment betrachte, fühle ich mich gut. Ich liebe mein Leben. Aber die Gesellschaft bedrängt mich und will von mir wissen: „Was hast du jetzt vor?“ Ich werde wohl nicht mehr die Schulbank drücken, also hoffe ich, dass sich irgendetwas für mich ergibt. Ich versuche die Augen offen zu halten und Fingerzeige wahrzunehmen.

Sissy war in den 1960er-Jahren Tänzerin in New York:

Ich führte ein wildes Leben. Alle taten das. Ich kam aus einem Internat, war überbehütet und rebellierte gegen meine Familie. Es war eine großartige Zeit, nur leider stellte sich später heraus, dass ich Alkoholikerin geworden war. Mittlerweile bin sich seit 16 Jahren trocken.
Ich verbrachte wunderbare Jahre, doch dann erkrankte ich schwer und musste aufhören zu tanzen. Ich heiratete einen Schauspieler, bekam zwei Kinder und ließ mich scheiden. Um meine Kinder großzuziehen, arbeitete ich als Kellnerin und stand Künstlern Modell. Bevor ich mich versah, befand ich mich schon in den mittleren Jahren und wusste nicht, wie es weiterge-

hen sollte. Eine kleine Erbschaft hielt mich finanziell eine Weile über Wasser, aber ich wollte etwas Kreatives tun. Also besuchte ich einen Kurs für Dichtung und stellte fest, dass ich schreiben konnte. Jetzt bin ich eine von sechs Autoren, die Stücke für ein kleines Theater schreiben.
Die Gruppe befindet sich auf hohem intellektuellen Niveau. Am Anfang machte ich mir Gedanken, weil ich mit 56 die Älteste war. Die Nächstälteste ist erst 37. Ich glaubte, die Jüngeren hätten gemischte Gefühle mir gegenüber und hielten mich für eine verzweifelte Frau in den Fünfzigern, aber wahrscheinlich nehme ich den Altersunterschied viel stärker wahr als sie. Seit kurzem versuche ich Jobs als Model und Schauspielerin zu bekommen. Das Foto, mit dem ich mich bewerbe, gefällt mir. Ich wirke darauf herausfordernd.
Ich sehe nicht alt aus, aber ich glaube, dass ich mich gut verkaufen kann, weil ich nicht mehr ganz jung aussehe. Damit habe ich die Regeln gebrochen. Ich habe es satt, mir all die gelifteten Gesichter anzuschauen, und ich hoffe, dass bald die Zeit kommen wird, wo wir nicht mehr verleugnen müssen, älter zu werden. Dieses Problem liegt mir sehr am Herzen. Die Leute sollen uns endlich nicht mehr als Wegwerfartikel betrachten.

Beth hat einen dieser Jobs, von denen viele träumen, wenn sie älter werden: Sie führt eine Frühstückspension in New England. Aber sie empfindet auch Bedauern:

Ich hätte eine Karriere anstreben sollen. Eigentlich hatte ich nie einen richtigen Beruf. Ich fand zwar immer einen Weg, um Geld zu verdienen, aber ich bin nie bei einem Job geblieben. Heute wünschte ich mir, einen Beruf zu haben. Ich hatte ein schönes, bequemes und lustiges Leben, aber auf gewisse Weise war es auch eine Katastrophe.

Als Beth darüber spricht, protestieren ihre Freundinnen. In ihren Augen hat Beth viel erreicht – sie ist eine Art Julia Child, führt eine entzückende Pension und veranstaltet wunderbare Dinnerpartys. Sie halten Beth auch für eine begabte Schriftstellerin und ermutigen sie dazu, mehr aus ihrem Talent zu machen. Beth ist davon nicht überzeugt. Mit 56 besuchte sie eine Journalistenschule und begann, freiberuflich für einige lokale Zeitungen zu schreiben. Als sie sich jedoch um einen Job als Reporterin bewarb, bekam sie eine Absage. Sie hält das für einen Fall von Altersdiskriminierung:

Als der Herausgeber mein Gesicht sah, erkannte ich sofort an seiner Reaktion, dass es nicht gut für mich aussah. Er kannte meine Arbeiten und wusste, dass ich es durchaus mit einigen 25-Jährigen aufnehmen konnte, aber ich kam für ihn nicht infrage. Vielleicht dachte er, er müsste mir mehr bezahlen als einer Anfängerin. Das machte mir lange Zeit zu schaffen. Jetzt bin ich 61 und vermisse meine produktiven Jahre, aber ich weiß, ich werde wieder etwas beginnen. Ich habe mehr Mut als früher, weil ich mir nicht mehr so viele Gedanken um alles mache – und das ist gut so. Trotzdem wünschte ich mir, dass mir jemand geholfen hätte, eine berufliche Karriere zu planen.

Ich habe es versäumt, Kinder zu bekommen

Penelope hat es nicht versäumt, Kinder zu bekommen, sondern es geflissentlich vermieden. Trotzdem wird sie mit etlichen Fragen konfrontiert:

Wenn ich die Frage, ob ich Kinder habe, verneine, scheine ich die Leute zu verwirren. Sie wollen dann wissen, warum ich mich dagegen entschieden habe. Was würden sie wohl sagen, wenn ich den Spieß umdrehen und einige Eltern fragen würde: „Warum um alles in der Welt habt ihr euch für Kinder entschieden?“

Ich war das älteste von sieben Kindern und von meinem fünften bis zu meinem 19. Lebensjahr war ich pausenlos mit Windeln und Babynahrung beschäftigt. Trotzdem hatte ich die abstrakte Vorstellung, dass ich dem vorgezeichneten Weg folgen würde, mit 25 meinen Hochschulabschluss in der Tasche haben, mir die Welt anschauen und dann bereit sein würde, Kinder zu bekommen. Ich habe jedoch erst mit 36 geheiratet und in unserer Ehe war Kinderkriegen kein Thema. Mein Mann hatte bereits zwei Kinder und wenn ich mit ihnen zusammen war, dachte ich automatisch an die Einschränkungen in meiner Kindheit. Nach meiner Scheidung verliebte ich mich mit Mitte 40 in einen Mann, und kurz nachdem die Beziehung gescheitert war, bekam ich meine Periode. Das war's dann, dachte ich. Damit ist die letzte Chance vertan, mit diesem Mann ein Kind zu haben. Damals begriff ich, dass ich wohl niemals Kinder in die Welt setzen würde, und hin und wieder versetzt mir das noch einen Stich. In einer Szene des Films „Der große Santini" tröstet eine Mutter ihren Sohn – ich werde nie erfahren, wie das ist. Allerdings bin ich Tante Penny und habe eine wundervolle Nichte, also erlebe ich wenigstens etwas Ähnliches. Mein jetziger Lebensgefährte ist jünger als ich und wünscht sich Kinder. Mir ist bewusst, dass er mich irgendwann verlassen wird, um seine Pläne mit einer jüngeren Frau durchzuführen. Ich habe bereits als Kind andere Kinder großgezogen und das ist mir bei meinen Brüdern und Schwestern gut gelungen. Jetzt lebe ich meine Kreativität aus, indem ich Gedichte schreibe.

Adina heiratete mit 25 und wurde kurz darauf schwanger. Ihr Mann wollte jedoch keine Kinder und Adina konnte sich ein Leben als allein erziehende Mutter nicht vorstellen, also ließ sie eine Abtreibung vornehmen. Mit 35 lebte sie in einer religiösen Gemeinschaft und ließ sich die Eileiter abbinden:

Ich wollte keine Kinder haben, weil ich ein Kind nicht mit meinen Problemen belasten wollte. Außerdem litt ich immer noch unter der Abtreibung und wollte das nicht noch einmal durchmachen. Ich hatte keine Kleinmädchenträume davon, Mutter zu werden, aber meine Familie war sehr unglücklich über meine Entscheidung. Meine Schwester erzählt überall herum, sie habe vier Kinder bekommen, um meine Entscheidung wieder gutzumachen. Ich reiste viel, nahm die verschiedensten Jobs an, lebte in einer Kommune in Oregon und in einem Aschram in Indien. All diese Dinge hätten sich nicht mit einer Mutterschaft vereinbaren lassen.

Ich gebe zu, dass ich ein wenig sentimental reagiere, wenn ich ein süßes kleines Baby sehe, doch drei Minuten später bin ich froh, dass ich keine Windeln wechseln muss. In meinen Augen sind Kinder unglaubliche Lehrer. Ich liebe es, ein Baby in den Armen zu halten und den Geruch seines Kopfes einzuatmen. Wenn du ihnen in die Augen schaust, siehst du ihr Inneres. Du lernst ein anderes einzigartiges Lebewesen kennen. Aber diese Wechselbeziehungen kann ich auch mit den Babys anderer Leute erleben.

Ich weiß, dass eine Frau, die sich dafür entscheidet, kinderlos zu bleiben, gegen gesellschaftliche Normen verstößt. Irgendwie wird damit eine gewisse Unzulänglichkeit verbunden. Manche Frauen sind sicher geborene Mütter und großartig in ihrer Rolle. Sie haben das Verlangen danach und sollen dem auch nachgeben. Aber man muss keine Mutter sein, um sich anderer annehmen zu können.

Mamas in den mittleren Jahren

Lucy war 37, als sie 1981 ihr erstes Kind bekam, und galt somit als spät Gebärende. Wäre sie im gleichen Jahr mit 54 Mutter geworden, hätte der National Inquirer daraus wahrscheinlich eine Titelstory gemacht. Nicht so im Jahr 1998. Neue Erkenntnisse in der Medizin und der Gesundheitszustand und die Willenskraft von Müttern im mittleren Alter verschoben die Altersgrenze. Lucy ist Psychotherapeutin, Hochschullehrerin und Mutter eines kleinen Mädchens, das sie in zweiter Ehe bekommen hat:

Wenn ich mich manchmal mitten in der Nacht die Treppe hinaufschleppe und das Gefühl habe, meine Hüften machen nicht mehr mit, denke ich: „Ja, es wäre viel leichter, wenn ich noch jünger wäre." Aber ich habe mir schon immer eine Tochter gewünscht. Ich habe einen Sohn aus erster Ehe und heiratete erst vor fünf Jahren zum zweiten Mal. Gesundheitlich ging es mir gut, aber ich machte mir Gedanken, ob ich es schaffen würde, noch ein Baby zu bekommen. Ich suchte einen Arzt auf, der sich auf Risikoschwangerschaften spezialisiert hatte und hauptsächlich werdende Mütter ab 46 behandelte. Zuerst musste ich meinen Mann davon überzeugen, denn sein und mein Sohn waren beinahe erwachsen und er wollte reisen und unsere Freiheit genießen. Wir gingen zu einem Beratungsdienst und mein Mann begriff schließlich, wie wichtig mir ein Baby war. Natürlich ist er jetzt ganz verrückt nach ihr und behauptet, sie käme ganz nach seiner Mutter.
Mein Arzt meinte, meine Gebärmutter wäre noch ein Jahr lang absolut funktionstüchtig. Er behielt Recht, denn kurz nach der Geburt meiner Tochter begannen die Wechseljahre. Manchmal habe ich Hitzewallungen, während ich stille.
Ich weiß, dass ich einige Leute schockiert habe. Manche meiner Kollegen fragen mich geradeheraus: „Was glaubst du eigentlich, was du da tust?" Und für andere Leute ist es schwer, zu begreifen, dass ich in meinem Alter ein Baby habe. Als wir in einer Schlange darauf warteten, in ein Flugzeug einzusteigen, fing Madeline an, mit meinen Haaren zu spielen. Die Flugbegleiterin sagte zu ihr: „Zieh deine Oma nicht an den Haaren." Und mein Mann antwortete: „Das sind die Haare ihrer Mama."

Connie war Anfang 40, als sie ihre Tochter adoptierte:

Wir kamen im Krankenhaus an, als sie gerade zwei Stunden alt war. Zur Geburt hatten wir es nicht mehr rechtzeitig geschafft. Es ist ein wunderbares Erlebnis. Wenn man in den mittleren Jahren ein Baby bekommt, macht man sich am meisten Gedanken über die vielleicht fehlende Energie, aber positiv betrachtet hat man dann mehr Geld. Ich bin mir der Dinge, die in meinem Leben zählen, viel bewusster und so ist das Dasein als Mutter ein ganz natürlicher Prozess. Wenn man so lange auf ein Kind gewartet hat, sind die Ängste des Alltags verflogen.
Ich bin selbstständig, kann mir deshalb meine Zeit gut einteilen und arbeite nur an drei Tagen in der Woche. Trotzdem erfordert mein Geschäft viel Zeit, die ich lieber meiner Tochter widmen würde. Ich habe das Gefühl, mehr arbeiten zu müssen, und in meinem Job erwartet man von mir, ständig verfügbar zu sein, also muss ich ein wenig tricksen. Mittlerweile habe ich Angestellte und muss mich nicht mehr selbst um alles kümmern. Und an den Wochenenden arbeite ich gar nicht.
Mein Mann ist älter als ich, hat zwei erwachsene Kinder und Enkelkinder und war nicht begeistert von der Aussicht auf eine zweite Familie. Als ich ihn vor 17 Jahren kennen lernte, war er fest entschlossen, keine Kinder mehr in die Welt zu setzen. Doch als ich dann aufgeben wollte, erklärte er mir, er sei jetzt bereit dazu. Im Laufe der Zeit ändern sich viele Dinge.

Frances wollte schon immer Kinder haben, aber sie heiratete nie und sie wusste, es würde ihre Eltern vor den Kopf stoßen, wenn sie allein ein Kind aufziehen würde:

Als sie starben, überlegte ich mir, was ich jetzt mit meinem Leben anfangen sollte. Ja, ich hatte einen guten Job. Ich bin Lehrerin und Krankenschwester. Das hätte genügen sollen, aber das tat es nicht. Einige Leuten meinten, ich sollte noch einmal studieren, aber ich habe bereits einen Abschluss gemacht. Also versuchte ich mich im Immobiliengeschäft. Dann organisierte ich eine Gruppenreise für Radfahrer. Ich wollte irgendetwas machen, womit ich etwas bewegen konnte. Schließlich begegneten mir an einem Samstag beim Einkaufen drei verschiedene Frauen mit chinesischen Töchtern, und das hielt ich für ein Zeichen, dass ich ein Kind adoptieren sollte. Wenn eine meiner Beziehungen schwierig wurde, dann nahm ich manchmal einfach Reißaus. Also hatte ich Angst davor, nicht mehr weglaufen zu können, wenn ich mich einmal zu diesem Schritt entschlossen hatte. Meine Freunde und auch die nationale Organisation, die sich um die Adoption von chinesischen Waisen kümmert, unterstützten mich. Ich fuhr nach China, um meine dreijährige Tochter abzuholen. Die ersten drei Monaten waren sehr schwer. Es dauerte ein Jahr, bis wir uns aneinander gewöhnt hatten. Ich sprach nur ein paar Sätze chinesisch, aber einer meiner Freunde, der der Sprache mächtig ist, kam zweimal die Woche vorbei, um uns bei der Verständigung zu helfen. Und wir haben es geschafft. Diese Beziehung hat mein Herz geöffnet. Freunde sagen mir, dass ich viel weicher geworden sei, und das finde ich großartig. Gesundheitlich geht es mir gut, aber ich suche trotzdem öfter als früher einen Arzt auf, weil ich nicht krank werden will. Ich mache mir schon jetzt Sorgen, wie es sein wird, wenn sie in die Pubertät kommt, denn sie hat schon jetzt einen Dickkopf.

Francis hat ihre Menopause bereits hinter sich gebracht. Einmal kam ihre Tochter zu ihr, weil sie ihre Babysitterin mit einer Binde gesehen hatte, und fragte verblüfft: „Wozu ist das?“

Sie hält mich jung. Vor fünf Jahren fand ich Skifahren langweilig; jetzt gehen wir so oft wie möglich. Mit ihr macht es mir wieder Spaß. Ein Kind bringt Leben in alles. Das Zusammensein mit meiner Tochter gibt mir mehr Hoffnung für das Leben in dieser Welt.

Peggy und Adele werden beide von ihren Töchtern „Mama“ genannt. Bei Adele fingen die Wechseljahre bereits in den Dreißigern an und sie bekam keine Kinder. Peggy war viele Jahre mit einem Mann zusammen, bevor sie Adele kennen lernte, und hatte sich nie Kinder gewünscht. Zusammen wollten sie jedoch Kinder großziehen. Peggys Familie reagierte positiv auf diese Entscheidung. „Ich erzählte meiner Mutter und meinem Großvater von meiner Schwangerschaft und mein Großvater sagte: ‚Ich freue mich so sehr, dass ich diesen Tag noch erleben darf.'"

Peggy verkaufte ihr Geschäft und wurde Hausfrau und Mutter. Sie arbeitet ehrenamtlich in einer Schule und hat eine Pfadfinderinnengruppe gegründet. Adele ist Fotografin und verkauft ihre Bilder in Galerien in Kalifornien und New York. Die beiden haben festgelegt, wer unter der Woche fürs Kochen zuständig ist und wer sich darum kümmert, die Kinder abzuholen. Adele meint dazu:

> *Manchmal, wenn ich hinter meiner Sechsjährigen herlaufe, wird mir deutlich bewusst, dass ich bereits 53 bin. Aber ich habe mir immer Kinder gewünscht und meine Familie, die sich ein anderes Leben für mich erhofft hatte, hat die Kinder begeistert aufgenommen. Meine Mutter freut sich, jetzt Großmutter zu sein.*

Wir werden nicht auf der Straße landen

Ann Richards, die temperamentvolle frühere Gouverneurin von Texas, stellte in einer gut besuchten Versammlung den berufstätigen Frauen (unter denen auch ich mich befand) die Frage, wie viele sich Sorgen darüber machten, auf der Straße zu landen. Jede der Teilnehmerinnen – oder ihre Arbeitgeber – hatten 75 Dollar für diese eintägige Konferenz gezahlt. Keine von ihnen schien abgebrannt zu sein, aber die Mehrheit hob die Hände. Richards schloss sich an und sagte: „Meine größte Angst war, dass ich irgendwann einmal einen Einkaufswagen voll schwarzer Plastiksäcke vor mich herschieben und dabei vor mich hinmurmeln würde." Sie erzählte, Gloria Steinem habe auch einmal die Befürchtung geäußert, alt und verarmt auf der Straße zu landen. „Ich dachte, wenn Gloria Steinem sich darüber Sorgen macht, steckt diese Angst wohl in jeder Frau."

Selbst wenn du Aktien besitzt, einen Partner hast, der dir verspricht, sich immer und ewig um dich zu kümmern, und deine Schwester eine Einliegerwohnung besitzt, befürchtest du vielleicht, irgendwann einmal als Obdachlose zu enden. Also drückst du der Frau vor dem Postamt einen Dollar in die Hand. Während sie „Gott schütze Sie" murmelt, beschließt du, in diesem Monat mehr als das Minimum auf dein Kreditkartenkonto einzuzahlen.

Vor ein oder zwei Generationen besaßen Frauen keine Kreditkarten. Für sie gab es auch keine Altersversorgung oder Geld zu ihrer eigenen Verfügung, das sie eventuell falsch hätten investieren können. Richards und einige andere sind der Meinung, dass die Furcht, auf der Straße zu landen, vor allem diejenigen Frauen befällt, die nicht ökonomisch denken – und das, obwohl die Hälfte aller Arbeitskräfte in Amerika weiblich ist und 80 Prozent des Konsumentenverhaltens von Frauen bestimmt wird.

Richards erklärte den Frauen: „Wenn ihr kein Geld auf euren Namen zurückgelegt habt, seid ihr dumm."

In der Boomer-Generation waren viele nicht darauf aus, zu Geld zu kommen. Einige lehnten das sogar entschieden ab. Alice ist Künstlerin:

> *Ich liebe meinen Beruf, aber habe ich ein Sparkonto? Nein. Ich werde niemals in Rente gehen können. Ich wünschte, ich hätte einen reichen Ehemann gehabt, bevor ich meinen jetzigen Mann kennen lernte, der auch keine Ersparnisse hat. Wir reißen Witze darüber, einen 40-jährigen verwaisten Investmentbanker zu adoptieren. Ich weiß, dass ich immer werde malen können – außer ich werde blind oder bekomme eine Allergie gegen Ölfarben. Aber wahrscheinlich könnte ich auch malen, wenn ich blind wäre. Und bei einer Allergie könnte ich auf Wasserfarben umsteigen. Aber was, wenn meine Arbeit nicht mehr gefragt ist? Ich habe meine Bilder bisher immer gut verkaufen können, aber ich habe nichts zurückgelegt.*

Ich pflege meine 89-jährige Mutter und die Eltern meines Mannes sind ebenfalls krank. Bei dem Gedanken, wer sich einmal im Alter um uns kümmern soll, wird mir angst und bange. Das ist allerdings kein Grund, Kinder in die Welt zu setzen. Außerdem glaube ich nicht, dass ich es geschafft hätte, gleichzeitig Künstlerin und Mutter zu sein und beiden Rollen gerecht zu werden. Ich denke daran, eine Wohngemeinschaft zu gründen, die ich dann den „Klub der alten Künstler" nennen werde.

Christine erzählt, dass bei Treffen mit ihren Freundinnen vom Wellesley College oft über die Ängste vor dem Älterwerden gesprochen wird. „Am meisten verbreitet ist die Angst vor Krankheiten, vor der Pensionierung und davor, obdachlos zu werden."

Lorrie hat eine leitende Position in einer Regierungsbehörde. Sie gesteht, dass sie – zumindest in ihrem Privatleben – nicht gut mit Geld umgehen kann:

Ich habe immer meine Kreditkartenkonten voll ausgeschöpft und fünfmal Hypotheken auf mein Haus aufgenommen. Und ich habe mich dafür geschämt. Offensichtlich sprechen wir Frauen über alles, nur nicht über Geld. Wir leben alle so, als könnten wir uns alles leisten, was die anderen haben.

Ich habe eine Beratungsstelle aufgesucht, um meine Schulden in den Griff zu bekommen, bat meinen Boss um eine Gehaltserhöhung, nachdem ich festgestellt hatte, dass ich von allen Abteilungsleitern am schlechtesten bezahlt wurde, und zahle in einen betrieblichen Altersfonds ein, um nicht als Obdachlose zu enden. Jetzt fühle ich mich wie neugeboren.

In den 1990er-Jahren entstanden die ersten Investmentklubs nur für Frauen und durchbrachen damit die Geschlechterbarriere auf dem Aktienmarkt. Cynthia ist Vorsitzende ihres Investmentklubs. Er wurde von zwei Lehrerinnen gegründet, die die Bücher der Beardstown-Ladys gelesen hatten und feststellten, dass sie nichts über Geld wussten, aber alles darüber lernen wollten. Zu Beginn verhielten sich alle sehr konservativ und zögerlich, aber mittlerweile sind viele risikobereiter geworden.

Ich glaube, viele Frauen versuchen nun ganz schnell alles über Geld zu erfahren. Vielleicht waren sie bisher der Auffassung, sie würden ewig leben oder könnten sich immer auf jemanden verlassen, der sich um sie kümmert. Das Gute an einem Investmentklub liegt darin, dass man sich den Dingen nicht mehr verschließen kann. Das Ziel des Klubs ist nicht, viel Geld zu verdienen, sondern eher, damit vertraut zu werden und eigene Entscheidungen zu treffen. Viele von uns wuchsen mit Vätern auf, die übervorsichtig mit Geld umgingen, weil ihnen die Erinnerung an die Depression noch im Nacken saß und sie ihren Familien ein gesichertes Auskommen ermöglichen wollten. Viele Mütter arbeiteten nicht, und wenn sie dann verwitwet oder geschieden waren, hatten sie keine Ausbildung, oder konnten nicht mit Geld umgehen. In unserer Generation ist das anders. Wir verdienen Geld und lernen schließlich, was wir damit anfangen können. Die Frauen in unserer Gruppe verhalten sich allmählich wie erfahrene Investoren. Eines unserer Mitglieder hat sich gerade eine Eigentumswohnung gekauft, um damit eine Absicherung für ihr Rentendasein zu haben.
Wenn man geschickt mit Geld umgehen kann, hat man das Gefühl, am Geschehen teilzunehmen. Du schaust dir den Markt nicht mehr nur an und fragst dich, was das alles soll. Ich bin frisch geschieden und kenne die Ängste, auf der Straße zu landen. Der kluge Umgang mit meinem Geld hilft mir jedoch, diese Befürchtungen abzubauen. Mein Selbstbewusstsein hat sich dadurch ganz enorm gesteigert.

Mary ist nun endlich motiviert, finanzielle Pläne zu schmieden:

Ich will nicht arm sein und mir ständig Gedanken über Vermögenssteuern oder Rezeptgebühren machen und meine Tochter um Geld bitten müssen. Wenn man alt ist, ist Geld einer der

Schlüssel zum Glücklichsein, und ich befürchte, viel werde ich nicht haben. Ich habe erkannt, dass ich besser hätte planen und nicht nur in den Tag hineinleben hätte sollen.

Sedina meint:

In den 1960er-Jahren war es uncool, an Geld interessiert zu sein. Aber wären wir alle nur damit beschäftigt gewesen, Geld zu scheffeln, hätte es keine Revolution gegeben. Ich bin froh, dass ich daran teilnehmen durfte und ein unkonventionelles Leben führte, aber jetzt bin ich 63. Ich ermutige die Frauen in meinem Freundeskreis, gemeinsam in ein Stück Land zu investieren. Wenn wir das nicht tun, werden wir zusammen auf der Straße leben und Einkaufswägen aus den teuersten Läden vor uns herschieben.

Wir glaubten, für immer zusammen zu sein

Bell wurde oft neiderfüllt gefragt, wie sie dazu gekommen sei, in Italien zu leben. Nach einer Weile gab sie die Antwort: „Mein Ehemann fiel beim Joggen tot um, also zog ich nach Florenz." Aber das war lange, nachdem sie damit fertig geworden war.

Sie war 53 und ihr Mann 60 Jahre alt. Er ging regelmäßig dreimal wöchentlich nach der Arbeit in ein Fitnessstudio und legte dort auf einem Laufband sechseinhalb Kilometer zurück:

Ich bekam einen Anruf aus dem Fitnesscenter. Man sagte mir, er sei auf dem Laufband zusammengebrochen und ins Krankenhaus gebracht worden. Als ich dort eintraf, war er bereits tot. An diesem Morgen hatte ich ihm noch gesagt: „Du musst dir die Haare schneiden lassen." Das waren meine letzten Worte, die ich ihm sagen konnte.

Überall liest man, dass man keine Entscheidung über sein Leben treffen sollte, bevor nicht ein Jahr nach dem Tod des Partners verstrichen ist. Ich hielt es aber in diesem großen Haus nicht mehr aus. Also beschloss ich, nach Italien zu gehen. Wir hatten schon immer ein Faible für Italien gehabt. Ein Jahr später hätten wir uns beurlauben lassen und ein Haus in der Toskana gemietet. Er hätte meine Entscheidung verstanden und sie gut geheißen.
Niemand ist auf so etwas vorbereitet. Ich fühlte mich wie amputiert. Wahrscheinlich bewältige ich solche Situationen automatisch, indem ich davonlaufe. Drei Monate nach seinem Tod vermietete ich mein Haus, sodass ich die Hypothek weiter abzahlen konnte. Meine Freundin kam mit mir nach Florenz und blieb bei mir, bis ich eine Wohnung gefunden hatte. Meine Tochter besuchte das College und mein Sohn war bei der Marineinfanterie. Ich befürchtete, sie würden sich nun von beiden Elternteilen verlassen fühlen, aber sie befürworteten meinen Umzug. Ich blieb sechs Jahre in Italien und der Aufenthalt dort war sehr heilsam für mich. Ich machte lange Spaziergänge, besuchte Kirchen und weinte oft.
Allerdings war ich fest dazu entschlossen, nicht zu vereinsamen. Ich beschloss, für Einladungen und das Leben offen zu sein. Meine italienische Nachbarin klopfte eines Tages an meine Tür und lud mich zum Tee ein. Sie sagte, sie erwartete ein paar Leute, die englisch sprächen. So lernte ich einen amerikanischen Fotografen kennen, der mich vielen Amerikanern und Italienern vorstellte. Dann schloss ich mich der Amerikanischen Kirche in Florenz an und bekam einen Teilzeitjob bei einem englischsprachigen Magazin. Drei Monate lang besuchte ich Sprachkurse. Meine Freunde machten sich Sorgen, dass ich nie wieder nach Hause kommen würde. „Was, wenn du Enkel bekommst und in Italien lebst?“, fragten sie mich. Ich antwortete: „Nun, ich denke, dann werden sie ihre Sommerferien mit ihrer italienischen Großmutter verbringen.“ Ich liebte die Schönheit von Florenz, den entspannten Lebensstil und die Liebe der Menschen

zur Kunst. Wenn ich in mein Lieblingscafé ging, um einen Cappuccino zu trinken, reichte man mir schon an der Tür den Herald Tribune.
Ich schloss mit drei Frauen gute Freundschaft, und das veränderte viel. Manchmal fühlte ich mich schuldig, dass ich zu einem solchen Preis an diesem Ort so glücklich war. Ich erlebte eine Art lang anhaltender Trauer von minderwertiger Qualität. Sie dauerte fünf Jahre, bis ich für drei Wochen in ein buddhistisches Kloster nach Frankreich ging. Dort konnte ich endlich meinen Verlust überwinden.

Belle lebt mittlerweile wieder in San Francisco, in einer Wohnung voll mit italienischen Möbeln, und arbeitet wieder bei ihrer alten Firma. Verschiedene Ereignisse bewegten sie zur Rückkehr. Ihr Sohn war ernsthaft verletzt und lag im Krankenhaus. Eine langjährige Freundin wurde krank und Belle wollte in ihrer Nähe sein. Und es gibt einen neuen Mann in ihrem Leben – jemanden, den sie in den 1960er-Jahren in der juristischen Fakultät kennen gelernt hatte:

Es fiel mir schwer, Italien zu verlassen, aber ich gehöre hierher. Mein Leben hier ist viel ausgefüllter. Mein Schicksal war furchtbar, aber jetzt fühle ich mich wieder vom Glück verwöhnt.

Nancy war 65 und seit 30 Jahren verheiratet, als ihr Mann in der Bucht vor ihrem Haus ertrank:

Ich hatte nie damit gerechnet, dass er einmal vor mir sterben könnte, denn er war ein Jahr jünger als ich. Er war gesund und wir planten gerade, in Frühpension zu gehen. Kurz vorher hatten wir uns eine Eigentumswohnung in Florida gekauft.
Ich versuche mich weniger als Witwe, sondern eher als allein stehende Person zu betrachten, als mich selbst. Das ist in Ordnung. Manchmal wünsche ich mir, ich hätte das nicht durchmachen müssen, aber ich schaffe es. Es dauerte eine Weile, bis ich mich daran gewöhnt hatte, „ich“ anstatt „wir“ zu sagen.

Die Trauer ist immer noch da, aber sie begleitet dich nicht mehr ständig in deinen Gedanken, sondern taucht nur noch hin und wieder auf. Vor kurzem musste mein Enkel in die Notaufnahme gebracht werden. Da dachte ich an meinen Mann und sagte zu mir: „Ich wünschte, du wärst jetzt hier, um das mit mir durchzustehen."

Besonders schwer fiel es mir auch, dass ich mit meinem Mann einige meiner Freunde verlor. Man fühlt sich von der Gesellschaft ausgeschlossen. Einige verheiratete Paare luden mich weder zu Dinnerpartys noch zu größeren Veranstaltungen mehr ein. Nicht alle benahmen sich so, aber es überraschte mich, wie viele so reagierten. Ich weiß nicht, warum das so ist. Sehen Sie in mir eine Bedrohung? Mache ich sie traurig?

Am Anfang war ich wütend und dann beschloss ich, mich mit anderen allein stehenden Frauen anzufreunden. An den Wochenenden fühlte ich mich besonders einsam. Es war herrlich, als ich zum ersten Mal an einem Samstagabend duschte, mich schick anzog und mit anderen Leuten ausging.

6

Bittere Tatsachen

Ich hatte immer die Kontrolle über mein Leben und ich möchte auch die Kontrolle über meinen Tod haben.

Michele

Der Tod eines Freundes ist eine gute Therapie. Er bringt dich auf den Boden der Tatsachen zurück. Du genießt einen Tag, an dem du deine Freundin nicht zur Chemotherapie fahren oder ihren Kopf halten musst, wenn sie sich übergibt.

Lynn

Wir luden alles auf den Laster meines Mannes und er fuhr los, um die Sachen in ein Lager zu bringen. Ich folgte ihm in meinem Wagen und starrte die ganze Zeit auf den oben verstauten Sessel meines Vaters. Es war, als würde ihr ganzes Leben auf der Ladefläche eines Lkws abtransportiert werden.

Sidney

Was macht es schon aus?

Die sechs Freundinnen kletterten gemeinsam in den Whirlpool – ein absoluter Genuss, den sie sich jedes Jahr gönnten, wenn sie sich für einen Kurzurlaub ein Haus am Meer mieteten. Eines Abends zog Jamie jedoch eine ernüchternde Bilanz:

Von uns sechs hatten nur noch vier ihre Brüste. Audrey musste sich als Erste fünf Jahre zuvor einer Brustamputation unterziehen, danach folgte Ellen. Ich glaube, wir überlegten uns alle, wer wohl beim nächsten Mal ohne Brüste auftauchen würde.

In den späten 1960er-Jahren lernten sich die Frauen als junge Mütter in einer Vorstadtgegend kennen. Inzwischen waren die meisten weggezogen, aber jeden Februar trafen sie sich an einem Wochenende, um sich über beruflichen Veränderungen, Trennungen, Erziehungsprobleme, Affären, Scheidungen, Wiederverheiratungen und Gesundheitsprobleme auszutauschen. In der aufmerksamen und freizügigen Art, in der sich die langjährigen Vertrauten beobachteten, so erzählt Jamie, wurden auch die körperlichen Veränderungen an den anderen wahrgenommen:

Wir waren sehr vertraut mit unseren Körpern und fanden nichts dabei, uns gegenseitig zu betrachten. In jungen Jahren ist das anders. Es ist einem peinlich, eine andere Frau nackt zu sehen, oder man möchte gern hinsehen, traut sich aber nicht. Schon vor langer Zeit waren wir einstimmig der Meinung, dass Maggie die schönsten Brüste und Audrey die beste Figur hatte. In einem Jahr waren alle an meiner Narbe interessiert, die ich von einer Fettabsaugung zurückbehalten hatte, doch dann zeigte uns Victoria ihre Narbe, die sich nach ihrer Krebsoperation an der Schilddrüse wie ein enger Halsreif um ihren Hals zog.
Audrey bekam mit 48 Brustkrebs und musste sich beide Brüste abnehmen lassen, die zweite als Präventivmaßnahme. Sie entdeckte den kleinen Tumor selbst – sieben Monate, nachdem eine

Mammografie ohne Befund ausgefallen war. Wir waren mit Audrey nach ihrer Brustamputation im Whirlpool, noch vor ihrem Brustwiederaufbau. Von ihren Brüsten waren nur zwei diagonale Narben übrig geblieben. Ich dachte: „Na gut, so sieht sie eben jetzt aus.“ Eigentlich sah sie so gut aus wie immer, nur dass sie keine Brüste mehr hatte. Im nächsten Jahr kam Audrey mit Implantaten. Sie haben eine andere Form als natürliche Brüste und bewegen sich auch anders, aber unter der Kleidung wirkten sie großartig. Audrey hatte wieder ein Dekolletee und war glücklich damit. Wir freuten uns für sie, vor allem weil ihre Aussichten sehr viel versprechend waren.
Fünf Jahre später erkrankte Ellen an Brustkrebs und ihre Prognose war nicht gut. Als Ellen ohne Brüste erschien, waren wir geschockt. Sie hatte große Brüste gehabt und sah nun ganz anders aus. Bei ihr hatten wir nicht das positive Gefühl, das wir bei Audrey gehabt hatten. Bei Ellen war der Krebs bereits fortgeschritten, insofern war es gut, dass man ihr die Brüste abgenommen hatte.
Im folgenden Jahr trug sie eine Perücke. Wir versuchten locker damit umzugehen, denn Ellen war diejenige, die schon immer über alles Witze gerissen hatte. Sie erklärte, dass sie keinesfalls mit ihrer Perücke in den Whirlpool steigen würde. Wir mussten ihr versprechen, nicht zu lachen, wenn sie sie abnahm. Natürlich fingen wir zu kichern an und sie schrie: „Das wusste ich!“

Ellen starb zwei Wochen vor dem nächsten Treffen im Februar, aber vorher bescherte sie ihren Freundinnen noch einen denkwürdigen Moment. An einem Nachmittag erschien ein Priester, um ihr die Sterbesakramente zu geben. Ihre Freundinnen standen an ihrem Bett, obwohl Ellen als Einzige von ihnen katholisch war:

Der Pfarrer fing an zu beten und nannte sie versehentlich Anna. Wir sahen ihn alle an und riefen: „Das ist Ellen!“ Ohne die Augen zu öffnen, hob Ellen die Hand und sagte: „Nur knapp daneben.“ Dieser Satz ist eine Art Code für uns geworden.

Immer wenn eine von uns etwas vermasselt, sagen die anderen: „Nur knapp daneben."

Es ist bekannt, dass Brustkrebs wild entschlossene Schwesternschaften schafft. Auch Mary schloss sich zögernd an:

In den mittleren Jahren scheint der Krebs um die Häuser zu schleichen und immer näher zu kommen. Ich fing an, mich in meinem Pokerklub umzusehen und mich zu fragen: „Wer wird die Erste sein?" Und dann traf es mich. Ich erkannte, dass eines der Probleme bei dieser Krankheit die Entscheidung ist, wem und wie man davon erzählt. Davon zu reden, ist fast genauso wichtig wie die Erkrankung selbst. Ich wollte es meinen Freunden nicht bei unserer Weihnachtsfeier eröffnen – das hätte die Party ruiniert. Also wartete ich damit, bis die Leute am Gehen waren. Ich hatte Glück. Bei mir wurde Cystosarkoma phylloides diagnostiziert und mein Arzt erklärte mir, dass es sich um einen gutartigen Krebs handelte. Man hat mir alles weggeschnitten.

Bevor Angie sich zu einer Lumpektomie ins Krankenhaus begab, malte sie sich eine farbenprächtige Strandszene auf den Oberkörper:

Über die nicht betroffene linke Brust schrieb ich eine Notiz für meinen Arzt, die lautete: „Roger, das ist die falsche." Ich wollte, dass die Leute, die den Eingriff vornahmen, sich bewusst waren, dass ich eine lebendige Frau war, die den Strand und Palmen liebte und Sinn für Humor hatte.

Als Gingers Arzt ihr mitteilte, dass sie an Brustkrebs erkrankt war, wurde sie wütend:

Ich war die Gesundheit in Person. Als Vegetarierin ernährte ich mich wie ein verdammter Gesundheitsapostel. Wahrscheinlich sagen das alle, aber ich war davon überzeugt, dass ich niemals Krebs bekommen könnte. Nach meiner Brustamputation bat ich die Schwester um einen Teil des entfernten Gewebes, um ihm ein anständiges Begräbnis zu ermöglichen. Es liegt nun in meinem Garten unter einem Hortensienbusch.

Eine letzte Mahnung

Lynn spricht darüber, dass es ihr hilft, in ihrem eigenen Leben die Dinge im richtigen Verhältnis zu sehen, wenn jemand ihres Alters stirbt oder schwer krank ist:

Der Tod eines Freundes ist eine gute Therapie. Er bringt dich auf den Boden der Tatsachen zurück. Du genießt einen Tag, an dem du deine Freundin nicht zur Chemotherapie fahren oder ihren Kopf halten musst, wenn sie sich übergibt.
Meine Freundin, deren Kinder im gleichen Alter sind wie meine, starb auf dem Weg zum Einkaufszentrum an einem Aneurysma. Als mein Sohn das erfuhr, machte er sich große Sorgen, dass ich auch sterben könnte. Er bat mich, alles aufzuschreiben, was ich über ihn wisse, damit die Erinnerungen nicht verloren gehen würden, sollte mir etwas zustoßen. Schließlich schrieb ich einen Ratgeber über Informationen, die Menschen vor ihrem Tod miteinander austauschen sollten. Viele Kinder – selbst wenn sie schon 50 Jahre alt sind – wünschen sich, ihre Eltern hätten ihnen mehr hinterlassen. Am Tag, an dem bei meiner 43-jährigen Freundin Multiple Sklerose diagnostiziert wurde, beschloss ich, einige Dinge zu erledigen und sie nicht nur auf eine Liste zu setzen. Als meine Freundinnen krank wurden, fing ich an, meine Bauchschmerzen zu ignorieren. Ich sagte mir vor: „Mir geht es heute großartig. Im Gegensatz zu vielen anderen meiner Bekannten komme ich morgens allein aus meinem Bett." Wir wissen, dass unsere Eltern eines Tages sterben müssen, aber wir wären dumm, wenn wir nicht auch durch den Tod einer unserer Altersgenossinnen etwas dazulernen würden. Du sagst dir: „Ich werde ein besserer Mensch werden", und daran denkst du die folgenden sechs Monate immer wieder.

Aileens ältere Schwester starb mit 49 an Eierstockkrebs. Aileen war damals 46 und fünf Jahre später wurde bei ihr Brustkrebs diagnostiziert:

Ich hatte das Gefühl, eine zweite Chance bekommen zu haben, die meiner Schwester nicht vergönnt gewesen war. Wenn jemand in deinem Alter stirbt, erkennst du, wie privilegiert du bist. Meine Schwester erlebte im Gegensatz zu mir ihren 50. Geburtstag nicht mehr.
Der Tod meiner Schwester brach mir das Herz. Ich weinte zwei Jahre lang um sie, aber ich lernte auch etwas daraus. Seit diesem Erlebnis habe ich keine Angst mehr vor meinem eigenen Tod. Ich will noch nicht sterben – ich will noch viel länger auf dieser Welt bleiben –, aber ich weiß, dass es danach einen Ort gibt, von dem unsere Seelen stammen. Ich gehöre keiner Religionsgemeinschaft an, aber ich glaube an spirituelle Dinge. Diesen Glauben habe ich mir selbst angeeignet und durch den Tod meiner Schwester hat er eine noch stärkere Form angenommen. Ich vermisse sie sehr, aber ich weiß, dass es ihr gut geht. Ich bin auch davon überzeugt, dass die Art, wie wir aus dem Leben gehen, einen nachhaltigen Eindruck bei den Hinterbliebenen hinterlässt. Nachdem bei meiner Tante Krebs diagnostiziert worden war, lebte sie noch zwei Jahre lang. Sie schrieb Briefe, rief ihre Bekannten an und war so liebenswürdig zu allen, wie sie es vorher nie gewesen war. Als sie im Sterben lag, kamen ihre Kinder zu ihr und sangen ihr etwas vor.

Sie war erst 52

Michele war 52 und hatte über ein Jahr mit Bauchspeicheldrüsenkrebs gelebt. Sie hatte ein ehemaliges Ferienhäuschen in den Redwoods bezogen, mit Kristallfiguren an den Fenstern und goldverzierten Statuen von ägyptischen Göttern und Göttinnen im

Wohnzimmer. Als der Tod näher kam, beschloss sie, so zu sterben, wie sie es wollte. Das berichtet ihre Freundin Susan:

> *Michele hatte die Nase voll von chirurgischen Eingriffen und experimentellen Behandlungsmethoden. Sie wusste, sie würde sterben, aber sie wollte das Zepter nicht ganz aus der Hand geben. Sie sagte: „Ich hatte immer die Kontrolle über mein Leben, und ich möchte auch die Kontrolle über meinen Tod haben. Ich bin Skorpion – wir wollen immer alles selbst in die Hand nehmen."*
>
> *In einem knappen Jahr nahm sie 40 Pfund ab, aber wenn sie lächelte, glätteten sich die Falten in ihrem Gesicht. Sie hatte langes braunes Haar mit grauen Strähnen und bevorzugte die Farbe Lila. Michele und ich waren im gleichen Alter und hatten beide erwachsene Kinder. In der Zeit, in der ich in ihrem Wohnzimmer und später an ihrem Bett saß, lernte ich mehr über das Sterben als je zuvor. „Du verstehst sicher, warum ich lieber hier als in einem Krankenhaus sterben möchte", sagte sie und erzählte mir von dem Licht am Morgen, dem Geruch der Holzöfen ihrer Nachbarn und dem Nebel, der in den Bäumen hing.*
>
> *Sie nahm hohe Dosen Morphium, aber die Schmerzen lauerten ständig darauf, sie zu überfallen. Einmal beschrieb sie mir ihren Schmerz als „einen glühenden Stein, der sich bis zu meinen Zehen durch meinen Körper brennt". Als ihr Zustand immer schlechter wurde, und sie nachts nicht mehr schlafen konnte, zog sie in ein anderes Zimmer mit Fernseher um. Für sie war es so angenehmer und ihr Mann konnte besser schlafen. Sie erzählte mir, sie vermisste nachts seine Umarmungen.*
>
> *In ihrem Wohnzimmer stand monatelang ihre Schatulle, eine mit lilafarbener Seide ausgeschlagene Pappschachtel. Sie bat jeden ihrer Besucher, etwas darauf zu schreiben, so wie man seine Bekannten auffordert, sich auf einem Gipsverband zu verewigen. Als sie im Sterben lag, bekam sie Besuch von zwei Frauen des National Death Care Project, einer kalifornischen Einrichtung,*

die Leuten dabei hilft, zu Hause eine Beerdigung zu organisieren. Sie sind so eine Art Geburtshelferinnen für den Tod. Michele füllte ihren eigenen Todesschein aus und sprach sogar mit einer Angestellten eines Krematoriums. Sie wollte wissen, was bei einer Verbrennung genau vor sich geht, und erklärte der Frau, sie wollte nicht, dass ihre Asche mit der eines anderen Verstorbenen vermischt würde.

Micheles Haus begann den Eindruck zu erwecken, als plante sie eine Reise. Ihr schwarzes Samtkleid, in dem sie aufgebahrt werden wollte, hing in ihrem Schlafzimmer an der Wand, und neben ihrem Bett hatte sie sich ihren Lieblingsschmuck hergerichtet. Sie übte sogar mit einer Freundin, wie sie Eyeliner und Lippenstift aufgetragen haben wollte.

Nachdem sie gestorben war, gingen fünf von uns in ihr Haus, wuschen sie und zogen sie an. Dabei unterhielten wir uns mit ihr, als wäre sie noch bei uns. Ihr Ehemann legte ihre Lieblingskassette von Leonard Cohen auf und kochte Pfefferminztee. Bei Einbruch der Dämmerung waren wir fertig. Michele war elegant gekleidet und ihr Gesicht wirkte weich und lieblich. Ihr Mann sah sie an und sagte: „Ist es nicht erstaunlich, wie ein Mensch sich verändert, wenn er keine Schmerzen mehr hat?“

Die Eltern sterben

„Ich begann mich älter zu fühlen, als ich meine langjährigen Freunde mit einem Mal nur noch bei den Beerdigungen ihrer Eltern sah“, erzählt Alison. „Ich dachte mir, also das ist es, was wir ab jetzt tun werden.“

Einige Monate nach dem Tod ihrer Mutter brach Sydney plötzlich in Tränen aus, als sie auf einem Sommerfest eine alte Freundin traf:

Sie begriff sofort, was mit mir los war, und sagte: „Ich denke, du hast Angst. Du erkennst, dass du jetzt erwachsen werden musst." Und genau darum ging es. Es spielt keine Rolle, wie lang deine Eltern am Leben bleiben, du bist immer ihr Kind. Wenn sie dann sterben, musst du die Kontrolle übernehmen – obwohl du das vielleicht schon seit langer Zeit tust. Mein Vater starb vor vielen Jahren, aber meine Mutter lebte bis vor kurzem. Als sie dann starb, war ich stinksauer auf meinen Mann, meinen Sohn und meinen Bruder, weil ich das Gefühl hatte, mich um sie kümmern zu müssen, und selbst niemanden hatte, der sich um mich kümmerte.

Alice hatte keine herzliche Beziehung zu ihrer Mutter, als es dieser noch gut ging, und jetzt, wo sie in einem Pflegeheim wohnt, hat sich daran nichts geändert:

Wenn jemand den Tod vor Augen hat, glaubt man, er würde sich in einen wundervollen Menschen verwandeln. Im Grunde genommen bleibt er jedoch die Person, die er schon immer war. Es macht mir nichts aus, dass ich mich jetzt um sie kümmern muss, denn sie hat mir mein Leben geschenkt. Dafür schulde ich ihr etwas. Ich mag sie nicht besonders, aber irgendwann habe ich sie einmal geliebt.
Trotzdem zeigt mir diese Erfahrung, wie ich einmal nicht werden möchte. Meine Mutter legt sich alles so zurecht, wie es ihr in den Kram passt. Sie spricht so, als wäre ihr in den vergangenen Jahren niemals etwas Gutes widerfahren. Es gefällt ihr nicht in diesem Pflegeheim. Ständig beklagt sie sich, dass nur alte Leute im Aufenthaltsraum herumsäßen. Wenn ich sie so betrachte, glaube ich, dass sie sich absichtlich hilfloser gibt, als sie tatsächlich ist. Sie war niemals ein positiver Mensch. Und mit 80 fängt man damit nicht mehr an. Ich will nicht so werden wie sie, also achte ich bewusst darauf, ob ich andere Menschen manipuliere.

Kates Mutter starb, nachdem sie zehn Jahre an Alzheimer gelitten hatte:

Ich hatte sie schon lange vor ihrem Tod verloren. Trotzdem fühlte ich mich sehr einsam, als sie gestorben war. Meine Mutter hat mir immer eingeschärft, dass ich alles erreichen könne, aber sie hat mich auch verwöhnt und sich Sorgen gemacht, dass ich mich überanstrengen könnte. Sie war mein Cheerleader und mein Fan. Jetzt habe ich das Gefühl, das für mich selbst sein zu müssen. Meine Schwester ermahnt mich manchmal, mich etwas zurückzunehmen. Meistens muss ich jedoch auf meine eigene Stimme hören, die, wie ich glaube, eigentlich die Stimme meiner Mutter ist.

Sydney erzählt:

Ich war dermaßen von der Kritik meiner Mutter bestimmt, dass ich jetzt, wo sie nicht mehr da ist, ständig auf Kritik warte, die jedoch nicht kommt. Und ich mache mir immer noch ständig Sorgen, ob ich alles richtig mache.
Nach dem Tod meiner Mutter räumte ich das Haus aus. Wir luden alles auf den Laster meines Mannes und er fuhr los, um die Sachen in ein Lager zu bringen. Ich folgte ihm in meinem Wagen und starrte die ganze Zeit auf den oben verstauten Sessel meines Vaters. Es war, als würde ihr ganzes Leben auf der Ladefläche eines Lkws abtransportiert werden.

Als Janes Vater starb, erbte sie gemeinsam mit ihren Geschwistern ein großes Geschäft und damit erhebliche Verantwortung. Ein Partner in der Firma ihres Vaters erinnerte sie an ihre Pflichten:

Er sagte: „Jetzt musst du die Erwachsene sein." Das brachte mich auf den Boden der Tatsachen zurück. Bisher hatte ich mir eingebildet, ich müsste nie erwachsen werden. Jetzt versichere ich meiner Mutter, dass sie genügend Geld zur Verfügung haben wird. Ich spreche mit den Anwälten und verhandle mit Ge-

schäftsleuten, wobei ich mir ständig denke, wie egal es mir ist, ob irgendjemand ein Viertel eines Prozentpunkts mehr verdient.

Rachels Eltern starben beide innerhalb von zwei Jahren:

Mein Vater hat mich immer unterstützt. Sein Tod war nicht so schlimm für mich wie die Zeit, in der er an Alzheimer erkrankte. Wenn dein Vater Alzheimer hat, kannst du ihn nicht mehr anrufen, ihm erzählen, dass du einen Autounfall hattest, und erwarten, dass er dir versichert, das sei nicht deine Schuld gewesen. Du hörst nicht mehr regelmäßig von ihm, dass dein kleiner Sohn, sein Enkel, das großartigste, süßeste und klügste Kind auf der ganzen Welt ist. Genauso wie du es einmal warst.

Wenn deine Eltern sterben, wirst du dir deiner eigenen Sterblichkeit stärker bewusst und du schätzt dein Leben neu ein. Rachel erzählt, ihre Eltern hätten einiges bedauert, und das wolle sie nicht:

Ich möchte nicht eines Tages mit 80 aufwachen, ohne nicht wenigstens versucht zu haben, meine Ehe zu verbessern oder meine Arbeit mehr zu genießen. Als unsere Eltern im Sterben lagen, sagte mein Bruder: „Wir können nichts mehr für sie tun, aber wir können versuchen, unser Leben besser zu leben.“ Ihr Tod veränderte mit Sicherheit meine Einstellung zu meinem Job. Ich kann dumme Kleinigkeiten im Büro oder stupides Verhalten der Chefs leichter ignorieren und ich kümmere mich nicht mehr um die Meinung der Menschen, für die ich keine Achtung empfinde.

Welcher Dämon verfolgt dich?

Unabhängig davon, ob Familienmitglieder oder Freunde ernsthaft erkrankt oder gestorben sind, beginnen wir meist in den mittleren

Jahren, uns große Sorgen um unsere Gesundheit zu machen. Wir fühlen uns verletzlicher und erkennen, dass uns irgendetwas irgendwann umbringen wird. Also versuchen wir alles, was in unserer Macht liegt, um das abzuwehren. Rachels Dämon heißt Krebs:

Meine Mutter starb an Krebs, weil sie Raucherin war. Da ich niemals geraucht habe, mache ich mir keine speziellen Sorgen wegen Lungenkrebs, aber überall hört man von Krebs und es scheint eine Krankheit zu sein, die man nicht unter Kontrolle bringen kann. Ich tue sehr viel, um meine Gesundheit zu erhalten, aber ich könnte noch mehr tun. Ich ernähre mich vernünftig, aber ich lasse mich stressen, und das ist nicht gut. Ich habe mir zum Ziel gesetzt, jeden Tag irgendwelche Übungen zu machen, die mir so viel Spaß machen, dass ich es kaum abwarten kann. Ich könnte vielleicht früh aufstehen und laufen oder Rad fahren – im Augenblick schaffe ich gerade 30 Minuten dreimal die Woche.
Ich denke, um rundherum gesund zu bleiben, muss ich mein Leben abwechslungsreicher gestalten. Ich brauche mehr Freunde, mehr Anregungen und sollte mich mit leidenschaftlichen Leuten umgeben. Wenn man seine Knie nicht trainiert, verkalken sie – und das passiert wohl auch mit dem Verstand und dem Herzen. Als meine Eltern starben, hatten sie nur wenige Freunde. An der geringen Anzahl der Kondolenzkarten konnten wir sehen, wie einsam sie geworden waren.

In Annes Familie macht man sich hauptsächlich Sorgen, an Brustkrebs zu erkranken:

Meine Großmutter, meine Mutter und meine Schwester hatten Brustkrebs, also fühle ich mich genetisch vorbelastet. Ich mache mir keine Sorgen darüber, wie ich damit umgehen werde, denn keines meiner Familienmitglieder musste übermäßig leiden. Meine Großmutter bekam in ihren Siebzigern Brustkrebs und musste nie drakonische Behandlungsmethoden über sich erge-

hen lassen, da Brustkrebs bei älteren Frauen üblicherweise langsamer voranschreitet. Meine Mutter traf es sehr früh und sie bekam nur eine leicht dosierte Bestrahlung. Meiner Schwester wurde ein Knoten operativ entfernt und anschließend musste sie eine Chemotherapie machen lassen. Das war hart für sie, aber sie hat sie gut überstanden.
Mein schlimmster Albtraum ist, meine Kinder ohne ihre Mutter zurückzulassen. Meine Tochter hat etliche Lernschwächen und wird es wohl nie allein schaffen. Der Gedanke, nicht bei ihr zu sein und ihr helfen zu können, einen sicheren Platz im Leben zu finden, ängstigt mich sehr. Und mein Sohn ist zehn – ein zartes Alter, in dem er noch sehr auf seine Mutter fixiert ist. Es wäre schrecklich für ihn, wenn er mich jetzt verlieren würde.

Kate wird in ihren Gedanken von der Alzheimer Krankheit verfolgt, an der ihre Mutter litt:

Der Hauptgrund, warum ich Östrogen nehme, ist die von Wissenschaftlern höchst umstrittene Theorie, dass es möglicherweise Alzheimer zum Stillstand bringen oder sogar verhindern kann. Ich nehme nicht gern Tabletten und Östrogen ist mit anderen Risiken verbunden, aber das ist es mir wert. Eigentlich nehme ich Östrogen wegen etwas, das noch nicht eingetreten ist, aber auf der anderen Seite des Spiegels auf mich warten könnte. Zwei Ärztinnen bestätigten mich in meiner Entscheidung, aus diesem Grund Östrogen einzunehmen. Sie sagten, sie würden es wahrscheinlich auch tun. Ich lese alles über dieses Thema, was mir in die Finger kommt, und ich glaube, dass man eines Tages eine Ursache und dann auch ein Heilmittel finden wird. Ich nehme Vitamin E, Lecithin, Gingko und alle natürlichen Substanzen, von denen irgendjemand behauptet, sie seien gut für die Gehirnzellen. Ich trainiere mein Gehirn, indem ich mich dazu zwinge, anspruchsvolle Literatur zu lesen und mir Sprachkassetten anzuhören. Und ich versuche auch meine Gehirnzellen mit Meditation beweglich zu halten.

Sue macht sich große Sorgen darüber, dass ihr Körper ihren Verstand überdauern könnte, so wie es bei ihrer Mutter und ihrer Großmutter der Fall war:

Ich nehme Vitamine, mache Sport und versuche meine Laster so gering wie möglich zu halten. Allerdings ist mir klar, dass ein Punkt kommen wird, an dem ich nichts mehr tun kann, um den Alterungsprozess aufzuhalten. Ich versuche mein Leben in vollen Zügen zu genießen, auf dem Laufenden zu bleiben und Spaß zu haben.

Wenn wir uns der Menopause nähern, steigt das Risiko auf Herzerkrankungen und Schlaganfälle an, und es wird mit zunehmenden Alter größer. Selbst wenn Umfragen zeigen, dass die meisten Frauen viel mehr Angst vor Brustkrebs als vor Herz- und Gefäßerkrankungen haben, sterben mehr Frauen an einer Herzkrankheit als an Brustkrebs. Sydney musste Detektivarbeit leisten, um sich über die Herzprobleme in ihrer Familie zu informieren, bevor sie sich über ihr eigenes Risiko klar werden konnte:

Meine Mutter hatte mit Anfang 60 Herzprobleme. Sie war müde, kurzatmig und bekam schließlich einen Bypass und einen Ersatz für ein Herzklappenventil. Zwei meiner Onkel starben in ihren Fünfzigern an einem Herzinfarkt und ein dritter musste sich ebenfalls einen Bypass legen lassen. Von ihnen erfuhr ich erst bei einem Familientreffen in Missouri. Ich setzte mich mit meinen Cousinen in Verbindung, die ich seit meinem 18. Lebensjahr nicht mehr gesehen hatte, und erfuhr, dass sie alle in den mittleren Jahren eine ernsthafte Herzerkrankung durchmachen mussten. Meine Cousinen erinnerten sich daran, dass unsere Großmutter meistens in ihrem Sessel gesessen hatte. Wir glauben, dass auch sie wahrscheinlich ein schwaches Herz hatte. Als ich meinem Arzt von meiner Familiengeschichte berichtete, schickte er mich zu einem Kardiologen. Er fand heraus, dass eine meiner Herzklappen nicht gut aussah, im Laufe der Zeit

Schaden nehmen und ersetzt werden müsste. Mein Mann hatte sich während dieser Zeit immer über mich lustig gemacht und mich als Hypochonder bezeichnet, und seine Reaktion auf diese Diagnose war der Tropfen, der in unserer Ehe das Fass zum Überlaufen brachte.
Meine Mutter starb, und dann auch noch meine Tante und ich begriff, dass mir nicht mehr viel Zeit blieb. Aber ich fürchtete mich auch vor der Operation. Ich befand mich gerade auf dem Weg zu einer Konferenz, in der ich einen Preis verliehen bekommen sollte. Dann entdeckte ich eine grauhaarige Frau im Rollstuhl, die meiner Mutter und meiner Tante ähnelte. Ich lief davon und heulte mir die Augen aus dem Kopf – ich konnte mich selbst sehen, wie ich genau wie sie enden würde. Nach einer Weile, als ich etwas Abstand vom Tod der beiden gewonnen hatte und mir die Notwendigkeit bewusst machte, mich um mein eigenes Herzproblem zu kümmern, bekam ich meine Ängste in den Griff.

Sydney ließ sich von ihren Ärzten die Aortenklappe ersetzen und erholte sich prächtig von der Operation. Kurz danach berichtet sie:

Ich fühle mich erleichtert und sehr gut. Zu einem bestimmten Zeitpunkt war mir klar geworden, dass ich es nicht länger hinausschieben konnte. Ich hatte mehr Angst vor einem Herzanfall als vor der Operation. Ich konnte nicht mehr länger als eine Stunde im Garten arbeiten. Wenn ich mit Freunden übers Wochenende wegfuhr, machte ich schlapp. Sofort nach der Operation spürte ich meine Energie zurückkommen. Die dunklen Ringe unter meinen Augen sind verschwunden. Ich hätte das schon viel eher machen lassen sollen.

7

Kompromisslos neue Wege gehen

Als ich mir fest vornahm, mit 50 zu malen, betrachtete ich dieses Lebensalter anders. Ich freute mich darauf, weil ich wusste, dass es dann etwas für mich geben würde, für das ich endlich Zeit haben würde.

Marylu

Früher wurden allein stehende Frauen als alte Jungfern oder Witwen betrachtet, die zu irgendeinem Familienmitglied ziehen mussten, das bereit war, sie aufzunehmen. Ich glaube, heute schaffen wir das gemeinsam.

Diana

Es wäre schön, wenn wir unseren Enkeln nicht ein Bild von enttäuschten Frauen als Vermächtnis hinterlassen würden.

Sara

Wer ist hier unsichtbar?

Manche glauben, dass Frauen einfach verschwinden, wenn sie älter werden, dass sie werden wie die ältere Frau in einem Krimi von Amanda Cross, die ein Verbrechen begangen hatte. Sie kam ungeschoren davon, weil ihr niemand Beachtung schenkte. Möglicherweise ist das aber nur Wunschdenken derjenigen, die sich vor Konkurrentinnen fürchten. Warum sollte sonst jemand so etwas sagen? Ist Madeleine Albright unsichtbar? Toni Morrison? Gloria Steinem? Die Nachbarin, die für das Amt einer Senatorin kandidiert?

Merita entschied sich mit 51 für eine Kandidatur, nachdem ihre Firma sie vor die Wahl gestellt hatte, umzuziehen, zu kündigen oder in den Frühruhestand zu gehen:

Zwei Jahre vorher verlor ich meinen Job und meine Ehe ging in die Brüche. Ich fand es wesentlich beängstigender, mit einer Zukunft ohne Job konfrontiert zu werden, als ohne Mann auskommen zu müssen. Mein bisheriges Einkommen hatte mir einen guten Lebensstandard und die damit verbundene Sicherheit gewährleistet, und nun musste ich mich nach einem neuen Weg umschauen, um meinen Lebensunterhalt zu verdienen. Acht Jahre lang war ich leitende Angestellte in einem öffentlichen Versorgungsbetrieb der Stadt gewesen, als eine neue Geschäftsleitung eingesetzt wurde. Hätten sie mir bei einem Umzug eine Beförderung angeboten, hätte ich es mir vielleicht überlegt, aber mir war klar, dass ich es an diesem Punkt meines Lebens nicht mehr zur stellvertretenden Direktorin bringen würde. Meine Tochter und ich wollten in der Gegend bleiben, also akzeptierte ich die Bedingungen eines Frühruhestands, was bedeutete, dass wir nun mit einem Viertel meines bisherigen Einkommens auskommen mussten.

Ich hörte von dem Rücktritt eines Landkreisabgeordneten. Politik hatte mich schon immer interessiert, auch wenn ich bisher noch nicht aktiv tätig gewesen war. Aber ich kannte meine

Gemeinde und dachte mir: „Warum eigentlich nicht kandidieren?" Meine Schwester kaufte mir ein Buch, in dem ich nachlesen konnte, wie man für ein öffentliches Amt kandidiert. Am schwierigsten war die Öffentlichkeitsarbeit. Du musst dich verkaufen können. Im Grunde genommen sagt man etwas wie: „Hi, ich bin Merita. Darf ich um Ihre Stimme bitten?" Meine Kontrahenten waren zwei große, kluge, eloquente Männer mit sehr gebieterischen Stimmen. Ich war ein wenig eingeschüchtert, aber ich konzentrierte mich darauf, wer ich war. Bei Wahlveranstaltungen trug ich Schuhe mit hohen Absätzen und ein Kleid, das zeigte, dass ich mir nichts gefallen lassen würde. Und ich gab mich selbstbewusst. Es heißt oft, Kleidung dürfe keine Rolle spielen, aber es ist tatsächlich so. Sie zeigt, dass du dein Anliegen ernst nimmst. Ich habe diese beiden einschüchternden Männer um Längen geschlagen.
Nach zwei Amtsperioden als County Supervisor beschloss ich, als Senatorin zu kandidieren, aber ich wurde nur Zweite in meiner Partei. Ich hatte wirklich an einen Sieg geglaubt, obwohl ich die Sache realistisch betrachtet hatte. Es war mir peinlich und ich hatte das Gefühl, viele Menschen im Stich gelassen zu haben. Vielleicht versuche ich es noch einmal, aber es gefällt mir auch, ein großer Fisch in einem kleinen Teich zu sein. Ich mache mir keine Illusionen – wenn ich kein Supervisor mehr bin, wird es wieder heißen: Merita wer? Aber ich glaube, meine Berufung gefunden zu haben. Jeder Tag ist aufregend und ich liebe es, an diesem Prozess teilzunehmen.

Marylu gab sich das Versprechen, mit 50 eine ernsthafte Malerin zu werden.

50 war die Grenze. Ich wusste, dann musste ich mein Versprechen in die Tat umsetzen, sonst würde ich es nie mehr tun. Als ich mir fest vornahm, mit 50 zu malen, betrachtete ich dieses Lebensalter anders. Ich freute mich darauf, weil ich wusste, dass ich mir mit 50 endlich die Zeit dafür nehmen würde.

Ich male gern Bilder von Frauen. Eines meiner Lieblingsmodelle ist eine üppige Frau mittleren Alters. Sie arbeitet schon fast ihr Leben lang als Nacktmodell, ist sehr selbstbewusst und versteckt nichts. Für mich sind Körper in jedem Alter attraktiv und bin neugierig darauf. Ich sehe gern zu, wie Gesichter sich verändern. Viele meiner Bilder von Frauen sind sexy, wahrscheinlich weil ich beim Malen Fantasien entwickle – ich denke dabei regelmäßig an Sex. Manchmal arbeite ich etwas Persönliches heraus. Sehr gut gefällt mir das Bild einer schmollenden Frau. Es entstand, als ein Modell in mein Atelier kam und sich über ihren Freund beklagte. Ich bat sie, diese Stimmung beizubehalten.
Ich habe vor, den Rest meines Lebens zu malen, allerdings könnte ich an meine Grenzen stoßen. Ich habe degenerative Arthritis und kann nur eine bestimmte Zeit ohne Schmerzen malen. Noch bin ich in meinen Fünfzigern, aber manchmal bezeichne ich mich schon als alt. Vielleicht übe ich das aber auch nur, denn ich fühle mich noch nicht alt. Mit 80 werde ich mich möglicherweise richtig alt fühlen. Dann werde ich Freunde bitten, mir Tee und Sherry vorbeizubringen, während ich mir Pornos anschaue.

Numero uno

Eve versuchte Männer über eine Anzeige in einem lokalen Wochenblatt kennen zu lernen:

Happyhours wie bei einer Hochschulfeier waren nichts mehr für mich. Ich suchte keinen Partner fürs Leben, sondern dachte an einen Kinobesuch und vielleicht an Sex. Das war nicht allzu schwer. Ich bekam 90 Zuschriften und ging innerhalb von zwei Monaten 35 Mal aus. Dabei trug ich mein bei Verabredungen

bevorzugtes Outfit: schwarzer Pullover, kurzer, goldfarbener Rock.
Mein Problem war wohl, dass ich nicht Nein sagen konnte. Einer der Jungs erzählte mir, dass seine Frau an Krebs gestorben wäre, und ich empfand sofort Mitgefühl, weil mein Mann ebenfalls an Krebs gestorben war. An einem Sonntag traf ich mich zum Brunch in einem Restaurant mit ihm und dachte: „Wie lange kann es denn dauern, einen französischen Toast zu essen?“ Als ich ihn fragte, wann seine Frau gestorben wäre, antwortete er: „Vor drei Wochen.“ Ich meinte, es sei vielleicht noch zu früh für ihn, sich zu verabreden, und er erwiderte, das hätten ihm alle anderen Frauen auch gesagt. Bei den 35 Männern, mit denen ich mich getroffen habe, waren vielleicht zwei dabei, mit denen ich mir eventuell eine Affäre vorstellen könnte – wenn ich die Energie dazu aufbringen würde.

Sue heiratete direkt nach dem College, hatte mit 25 zwei Kinder, zog mit ihrem Mann wegen seiner Karriere oft um und lebte nie allein, bis sie Mitte 40 war. Als sie sich scheiden ließ, fing gerade ihre Menopause an. Sie zog von Denver nach San Francisco, nahm verschiedene Jobs an und kaufte sich einen roten Sportwagen.

Männer in meinem Alter enttäuschen mich. Ich bin ein sehr visueller Mensch und halte Ausschau nach einem 40-Jährigen, weil ich mich selbst noch in diesem Alter sehe. Ein 55-Jähriger kommt für mich nicht infrage – eine Ausnahme würde ich allenfalls für Al Pacino machen. Eine Freundin brachte mich mit einem Mann meines Alters zusammen. Ganz offensichtlich befand er sich in einer Midlife-Crisis und wollte sich in seiner Männlichkeit bestätigt sehen. Zuerst wollte er wissen, ob ich oft ausginge. Das habe ich schon häufig gehört. Meiner Meinung nach denken sie, dass etwas mit dir nicht stimmt, wenn du nicht ständig Verabredungen hast. Ich erklärte ihm, dass ich damit schon während meiner Collegezeit aufgehört hätte und mich jetzt nur noch mit Leuten träfe, die ich wirklich mögen würde.

Als er meine Freundin das nächste Mal sah, fragte er sie, ob sie auch einige 30-Jährige kennen würde.
Ich weiß, wonach ich suche, und ich erkenne schon beim ersten Treffen, ob mich jemand begeistern könnte. Eigentlich habe ich keine „Verabredungen", denn ich treffe mich nicht gern mit fremden Männern, nur um auszugehen. Normalerweise ziehe ich mit einer Gruppe von Freunden los.
Ich liebe meine Freiheit – ich kann tun, was ich will, wann immer ich will. Und ich muss auf niemanden Rücksicht nehmen. Als ich eine Familie hatte, erledigte ich meine Pflichten als hingebungsvolle Ehefrau und Mutter, ohne darüber nachzudenken, und ich tat es gern. Ich genoss es auch, verheiratet zu sein. Doch ich erkannte nicht, wie berauschend Freiheit ist. Manchmal mache ich mir Sorgen darum, dass ich niemanden habe, der sich im Alter um mich kümmern wird, aber im Allgemeinen pflegen ohnehin die Frauen ihre Männer und sind dann schließlich allein.

An der Wende zum 21. Jahrhundert war die Rate von verheirateten Paaren so niedrig wie nie zuvor in der amerikanischen Geschichte. 43 Millionen Frauen waren Singles – mehr als die Gesamtbevölkerung Spaniens. Viele von ihnen waren bereits verheiratet und ziehen es jetzt vor, allein zu bleiben. Früher wurden allein stehende Frauen mit den Begriffen „arm" und „bedauernswert" in Verbindung gebracht. Heute denkt man dabei eher an „unabhängig" und „klug". Umfragen zeigen, dass weibliche Singles glücklicher sind als männliche – vor allem, wenn es ihre eigene Entscheidung ist, allein zu leben.

Sedonia ist jedoch davon überzeugt, dass „die Gesellschaft immer noch voreingenommen ist, wenn jemand keinen Partner hat":

Ein Single zu sein heißt nicht, eine minderwertige Person zu sein, aber manche denken immer noch so. Allein Stehende werden oft nicht von Pärchen zu Festen eingeladen. Einige Leute fühlen sich von uns bedroht oder behandeln uns wie Versager.

Ich finde, wir Frauen müssen uns gegenseitig dabei helfen, uns im Singledasein zu bestärken und uns nicht dafür zu schämen. Wir sollten ein Zusammenleben in einer Art Gemeinschaft planen – und wenn wir auch nur unsere Wohnwagen im Kreis aufstellen.
Ich habe das Singleleben sehr genossen, konnte schreiben und an meinem Seelenleben arbeiten. Wenn du allein lebst, wirst du nicht abgelenkt. Die Verantwortung liegt bei dir. Es ist manchmal schwierig, aber du kommst mit dir selbst ins Reine. Ich arbeite zu Hause und habe mehr Zeit für mich allein, als ich brauche. Ich will keinen Partner und ich brauche meinen Freiraum, aber mittlerweile wünsche ich mir, mit anderen zusammenzuleben.

Sedonia und ihre Freundinnen beratschlagen, ob sie sich gemeinsam ein Stück Land kaufen sollen. Ihre Freundin Diana, eine allein stehende Mutter, hat ein Kind im Teenageralter, das noch bei ihr wohnt. Sie stellt sich das so vor:

Wir hätten alle unseren eigenen Bereich, aber es gäbe einen Ort, an dem wir uns versammeln könnten. Vielleicht ein gemeinsames Büro, in dem wir unsere E-Mails empfangen und uns miteinander austauschen könnten, wenn wir möchten. Früher wurden allein stehende Frauen als alte Jungfern oder Witwen betrachtet, die zu irgendeinem Familienmitglied ziehen mussten, das bereit war, sie aufzunehmen. Ich glaube, heute schaffen wir das gemeinsam.

Die Krankenschwester Patricia ist meist im Ausland tätig und arbeitete zuletzt in einem Flüchtlingslager an der pakistanisch-afghanischen Grenze. Eine Partnerschaft würde sich ihrer Meinung nach im Augenblick nicht mit ihrer Arbeit verbinden lassen. Aber sie stellte fest, dass einige Leute das nicht verstehen:

Bei meinem High-School-Treffen kam ich als einzige Frau ohne Partner und ich bemerkte, dass die anderen mich entweder beneideten oder bedauerten. Wenn du 50 bist und deutlich zeigst, dass du ein Leben ohne Partner gewählt hast, bekommst du nicht mehr die Unterstützung der Gesellschaft, die du in jüngeren Jahren erfahren hast. Vielleicht möchte ich später mit jemandem mein Leben teilen, aber im Augenblick bin ich auf der Suche nach Vorbildern, nach allein stehenden Frauen zwischen 50 und 70, die ein schönes, produktives Leben führen.

Nancy war Mitte 50, als ihr Mann starb. Nachdem sie ihre Trauer und Angst bewältigt hatte, beschloss sie, ihren eigenen Weg zu gehen. Sie reiste ins Ausland, ging als Krankenschwester in den Frühruhestand, eröffnete ein kleines Antiquitätengeschäft, besuchte Kurse in Yoga und erweiterte ihren Freundeskreis, den sie bisher nur gemeinsam mit ihrem Ehemann gepflegt hatte. Jetzt ist sie für eine erneute Heirat bereit, jedoch nur, wenn der Zukünftige in ihr neues Leben passt:

In der Gesellschaft ist man der Ansicht, dass Männer, im Gegensatz zu Frauen, mit zunehmendem Alter attraktiver werden. Das sehe ich anders. Ich könnte nichts mit einem Mann meines Alters anfangen, wenn er von mir erwarten würde, dass ich mich um ihn kümmere und darauf achte, dass er nicht drei Tage hintereinander den gleichen Pullover trägt. Das spricht mich nicht an. Ich finde es angenehm, ein Leben ohne Mann zu führen, weil so viele Leute meiner Generation glaubten, das sei nicht möglich. Es ist durchaus machbar.

Sophie verbringt einen Teil des Jahres in Mexiko. Sie sagt, dass man dort ältere, allein stehende Frauen oft neugierig mustert, aber dass sie die Ruhe dort genießt:

Ich hatte schon immer eine Vorliebe für eine Szene kurz vor Ende von „The Lion in Winter", wenn Eleanor of Aquitane sich auf ihrer Barkasse auf dem Rückweg in das Kloster befindet, in das sie der Schurke King Henry für den Rest ihrer alten Tage verbannt hat. Damals begann das Alter wahrscheinlich mit etwa 35. Sie hat gerade die Ferien mit ihm, seiner jungen Geliebten und deren schrecklichen, machthungrigen Söhnen verbracht. Aber auf ihrem Gesicht liegt ein heiteres, zufriedenes Lächeln, als sie abreist, und ich stelle mir dann vor, dass sie sich denkt: „Endlich Frieden!"

In meinem nächsten Leben

In den mittleren Jahren haben wir alles gut im Griff, was wir tun, aber das heißt nicht notwendigerweise, dass wir das auch weiterhin tun wollen. Okay, das haben wir kapiert, aber was nun?

Iris, eine weltweit bekannte Schmuckdesignerin, und ihre Partnerin Elizabeth, Besitzerin eines Videoladens, beschlossen, dass es an der Zeit wäre, sich neu zu orientieren, und zogen nach Mexiko:

Es war unser Lebenstraum, irgendwann in einem anderen Land zu leben, und in meinen späten Vierzigern überkam mich plötzlich der Drang nach Freiheit. Zuerst beschloss ich, mein Haus zu verkaufen, und als dann mein Hund starb, entschied ich mich bewusst dafür, mir keinen neuen anzuschaffen. Danach verkaufte ich mein Geschäft und hatte damit alles erledigt. Ich sehnte mich nach einer anderen Kultur. In den Vereinigten Staaten gibt es zu viele Reize und der Hauptschwerpunkt liegt auf Erfolg und Besitz. Vielleicht ist das nötig, um dich zu stimulieren und voranzutreiben, wenn du jünger bist. Ich will das nicht mehr. In meinen Dreißigern oder Vierzigern hätte ich es niemals geschafft, einfach so abzuhauen. Es wäre mir vorher nicht gelungen, aus meinem bisherigen Gefüge auszubrechen. Ich brauchte die finanzielle Sicherheit – ich musste erst wirklich bereit sein, meine Ansprüche herunterzuschrauben und mein Leben zu vereinfachen.

Trendforscher haben entdeckt, dass Babyboomer mit zunehmendem Alter beginnen, ihren Wohnort und ihre Jobs zu wechseln, anstatt, wie zumeist ihre Eltern, an Ort und Stelle zu bleiben. Diejenigen, die sich in ihren Zwanzigern ins Berufsleben stürzten, um Karriere zu machen, während ihre Altersgenossen alternative Wege gingen, verwandeln sich jetzt in Bohemiens. So sieht es zumindest der Altersexperte Ken Dychtwald. Er sagt, für 50-Jährige werde es selbstverständlich, wieder die Schulbank zu drücken und sich mit Nebenjobs durchzuschlagen, um dann in ihren Siebzigern eine neue Karriere zu starten.

In seinen Büchern *Age Power* und *Age Wave* schreibt Dychtwald über ein neues „zyklisches Lebensmuster", in dem Menschen ihr Leben lang zwischen Schulbesuch und Schulabschluss, Festanstellung und Nebenjobs rotieren, anstatt dem alten Muster zu folgen, das zuerst die Erziehung, dann den Job und zuletzt die arbeitsfreie Zeit vorsieht.

Das ist natürlich Musik in den Ohren derjenigen, die das Gefühl haben, in ihrem Job an einem toten Punkt angelangt zu sein, die sich langweilen und sich eine Herausforderung und eine Chance wünschen, etwas anderes auszuprobieren.

Goldy war 44, als sie ihren Job in der Werbung aufgab. Sie und ihre Partnerin Annuscha, die im medizinischen Bereich arbeitet, entwickelten eine, wie sie glaubten, großartige Idee für ein Webprojekt, das jedoch wegen mangelnder Finanzierungsmöglichkeiten im Sand verlief. Goldy erzählt, sie machten trotzdem weiter:

Zu diesem Zeitpunkt hatte ich die Nase voll von der Wirtschaftswelt. Ich hatte ein wenig Geld gespart, war zuversichtlich und machte mir keine Sorgen. Als unsere Reserven dann schrumpften und wir uns mit unseren Kreditkarten behelfen mussten, wurde mir mulmig. Jetzt nehme ich hin und wieder auf freiberuflicher Basis einen Job in der Werbung an, aber meistens bin ich zu

Hause und male. Als Künstler lebt man zurückgezogen und einsam, aber darauf bin ich vorbereitet. Als ich noch jünger war, hätte ich das nicht gekonnt. Ich liebte es, mit vielen Leuten zusammen zu sein und Spaß mit meiner Clique zu haben. Die Arbeit zu Hause erfordert Besinnung auf sich selbst. Bevor ich anfing, ganztags zu malen, war ich nie so oft allein gewesen. Jetzt ist niemand mehr da, an den ich mich wenden und fragen kann: „Wie gefällt es dir?" Erst eine gewisse Reife befähigt dich zu solchen Dingen. Du musst dein eigener Boss sein, selbst die Trommel rühren, dich selbst infrage stellen, ohne dass dir jemand sagt: „Arbeite härter, schneller, länger."

Auch Annuscha wünscht sich eine Auszeit von ihrem Job im medizinischen Bereich, bei dem sie oft unterwegs ist:

Ich habe Weinstöcke auf der alten Pferdekoppel angepflanzt und im Junior College einen Kurs über Kelterei besucht. Früher konnte ich Gartenarbeit nicht leiden, aber Weinanbau gefällt mir. Ich suche nach einem Weg, meine professionelle Erfahrung im Gesundheitsbereich mit der Weinbereitung zu verbinden. Meiner Meinung nach ist es wichtig, die bisherigen Kenntnisse nicht zu vernachlässigen, sondern sie in die nächste Unternehmung einzubringen.

Wenn Sara sich einen Film ansieht, in dem eine junge Familie mit kleinen Kindern vorkommt, ist sie den Tränen nahe: „Ich wünsche mir dann, ich könnte das alles noch einmal erleben, weil diese Zeiten so schön waren. Allerdings besteht die Herausforderung wohl darin, all das hinter sich zu lassen, etwas anderes zu beginnen und dankbar zu sein, dass man die Sachen nicht mehr machen muss, die man nur ungern erledigt hat."

Kathleen verdrängte das Syndrom des leeren Nestes, indem sie einer Reihe von Interessen nachging:

Als ich noch jünger war, hörte sich 50 viel zu alt an. Was immer ich mir auch darunter vorstellte, ist für mich nicht eingetroffen. Ich arbeite als Beraterin für ein großes Stadtmuseum und als Teilzeitlehrerin an einem College; ich leite eine Fokusgruppe in meiner Kirche und nehme eine CD mit den Liedern auf, die ich für meinen Enkel geschrieben habe und „Nana's Greatest Hits" nenne.
Dieser Lebensabschnitt ist großartig. Manchmal denke ich, ich sollte lieber etwas aufgeben, anstatt noch etwas anzufangen, doch dann fällt mir ein, dass ich noch immer Stepptanz lehren möchte.

Nach langjähriger beruflicher Laufbahn in der Wirtschaftswelt beschloss Aileen mit Anfang 50, eine eigene Werbeagentur in ihrem Haus zu gründen. Dafür brauchte sie einen Anstoß, den ihr die Bewältigung ihrer Brustkrebserkrankung gab:

Mit zunehmendem Alter wird der Risikofaktor immer höher. Ich wusste, dass er bei mir sehr hoch war, aber wenn du den Tod vor Augen hast, denkst du dir: „Mein Gott, ich sollte jetzt tun, was ich tun will." In deinen Fünfzigern überlegst du, dass du wahrscheinlich nicht länger warten solltest.
Ich arbeitete zwölf Stunden am Tag und reiste viel. Da ich allein lebe, musste ich mir keine Gedanken um mögliche Auswirkungen auf eine Partnerschaft machen, aber ich hatte auch keine Zeit, eine neue Beziehung zu beginnen. Der Arbeitsaufwand war enorm, aber ich liebte meinen Job. Er stärkte mein Ego und die Ergebnisse waren sichtbar. Die Leute glaubten, ich könnte alles schaffen, und das war unglücklicherweise tatsächlich der Fall. Die Weinindustrie ist ein Gebiet, in der deine Erfahrung anscheinend umso mehr geschätzt wird, je älter du bist. In Familienbetrieben kannst du arbeiten, solange du willst, aber das ändert sich möglicherweise, da viele Weinkellereien von Firmen aufgekauft werden. Sollte eine Firma keine Probleme damit haben, mich in meinen Fünfzigern anzustellen, so würde

man allerdings von mir den Enthusiasmus und die Energie einer 30-Jährigen erwarten, und das kann ich nicht mehr bieten. Ich habe nicht mehr den unstillbaren Drang, so hart zu arbeiten, wie ich nur kann. Allerdings arbeite ich gern und werde das auch bis über 65 hinaus tun müssen, außer ich erbe vorher etwas Geld. Ich möchte einen Weg finden, in dem von mir gewählten Tempo so lange zu arbeiten, wie ich möchte, und dabei mein Leben genießen können.

Sam tat in ihren Fünfzigern genau das Gegenteil. Sie kletterte die Karriereleiter in ihrem Beruf im Kommunikatikonsbereich noch eine Stufe höher und wechselte zu einer anderen Firma:

Sie entschieden sich für mich, aber am Anfang machte ich mir Gedanken, ob ich es schaffen würde. Meine Ängste legten sich, weil ich das Glück hatte, auf eine Gruppe von Gleichaltrigen zu stoßen – brillante Journalisten und Redakteure, die witzig und eigenwillig sind. So muss es beim New-Yorker in der Blütezeit gewesen sein. Ich lerne ständig etwas von ihnen dazu.

Und jetzt zu etwas ganz anderem

Mit 50 nahm Patricia eine Stelle in einem Flüchtlingscamp an. Sie hatte schon immer in einem anderen Land arbeiten wollen und als ihre beiden Kinder erwachsen waren, unterzeichnete sie einen Vertrag bei einer internationalen Gesundheitsorganisation, die Krankenschwestern wie Patricia und andere medizinische Kräfte vermittelt. Patricia war allein stehende Mutter, die den Lebensunterhalt für sich und ihre kleinen Kinder als Krankenschwester und mit einem Nebenjob als Kellnerin verdiente. Trotzdem fühlt sie sich immer noch schuldig, weil sie jetzt einmal etwas für sich getan hat:

Ich kann gar nicht beschreiben, wie viele Mütter versuchen, mir ein schlechtes Gewissen einzureden. Sie fragen mich, wie ich es über mich bringen konnte, meine Kinder zu verlassen, und ich antworte, dass ich im Alter von 26 meine Mutter nicht ständig um mich haben wollte. Allerdings bin ich Katholikin und fühle mich beim geringsten Anlass schuldig.
Als ich einigen Leuten erzählte, dass ich nach Pakistan gehen würde, kam kaum eine Reaktion von ihnen. Es war, als hätte ich gesagt: „Ich gehe nach Ohio." Wahrscheinlich ist es zu abstrakt für sie. Sie können es sich nicht vorstellen, weil sie selbst es niemals tun würden. Es ist ein einsames Leben. In gewisser Weise gleicht es dem Leben in einem Kloster. Aber eine fremde Kultur eröffnet dir ganz andere Perspektiven. Bevor ich nach Pakistan ging, war ich in Afrika, und dort gibt es diese Angst vor dem Alter nicht, die wir hier empfinden. In Burundi liegt die Lebenserwartung bei 46 und man trifft nur sehr selten eine ältere Frau. Die wenigen 50-Jährigen werden respektiert. Alle in der Gemeinde hören auf sie.

Fortbewegung muss nicht notwendigerweise eine Reise ans andere Ende der Welt bedeuten. Bei Kit war es Bassunterricht in ihren späten Fünfzigern:

Meine Freundin spielt in einer Band. Sie wusste, dass ich Bassunterricht nahm und welche Akkorde ich bereits beherrschte. Eines Abends in einer irischen Kneipe bat sie mich auf die Bühne und verkündete, dass ich meinen ersten Auftritt in der Öffentlichkeit hätte. Wie aufregend! Danach kamen drei Leute meines Alters auf mich zu und sagten, mein Auftritt hätte sie dazu motiviert, nach Hause zu gehen und ihre alten Instrumente aus dem Schrank zu holen.

Seit sie 50 ist, hat Marilyn zwei ihrer lebenslangen Ängste überwunden:

Eigentlich wollte ich nicht nach Hawaii, weil ich dachte, da hielten sich nur Yuppies auf. Als ich mich dann doch dazu entschloss, gelang es mir, meine Angst vor Wasser zu überwinden. Ich hatte mich nie schnorcheln getraut, weil ich mit diesem Schlauch in meinem Mund immer das Gefühl hatte, mich zu verschlucken und zu ersticken. Aber das geschah nicht. Stattdessen entdeckte ich eine wunderschöne Unterwasserwelt. Dann nahm ich einen Teilzeitjob als Lehrerin an und das half mir, meine Schüchternheit zu bekämpfen. Ich war plötzlich ein anderer Mensch – ich konnte es kaum glauben. Das ist wahrscheinlich einer der Vorzüge dieses Lebensabschnitts. Ich bin sehr kleine, aber aufregende Schritte vorangegangen.

Mollie war beim Theater als Regisseurin, Autorin und Schauspielerin tätig. Jetzt, wo sie auf die 50 zugeht, zieht sie andere Möglichkeiten in Erwägung:

Ich habe beschlossen, entweder eine schlechte Rocksängerin zu werden, Schundromane zu schreiben oder vielleicht einen Film zu drehen. Was auch immer daraus werden wird – ich betrachte allmählich den Rest meines Lebens als Sonderzulage. Ich habe schon eine Menge erreicht. Ich konnte in herrlichen Stücken auftreten und habe zwei wunderbare Söhne. Mein Mann und ich sind gute Freunde. Zu meinen Bekannten zählen wunderbare Menschen. Das ist schon eine Menge. Ich habe keine weiteren Ziele, also wird der Rest einfach ein Abenteuer sein.

Anne hat eine Vision:

Ich glaube, wenn ich in meinen Fünfzigern bin, wird sich einiges für mich ändern. Auf jeden Fall dann, wenn meine Kinder erwachsen und unabhängig geworden sind. Allerdings hat meine Tochter eine schwere Lern- und Entwicklungsstörung, daher kann ich nur schwer beurteilen, ob sie jemals fähig sein wird, ein eigenständiges Leben zu führen. Wenn ich mich nicht mehr um Hausaufgaben, Stundenpläne, Fußballspiele und die Ängste von Teenagern kümmern muss – wenn die Tage und Wochen nur mir gehören –, dann werde ich mich an meinen Computer setzen und schreiben, schreiben, schreiben, selbst wenn es nur Briefe oder Tagebuchaufzeichnungen sind. Ich werde nach Neuseeland reisen und mit meinem Mann fischen gehen. Ich werde stundenlang genüsslich lesen, ohne ein schlechtes Gewissen dabei zu haben. Und ich werde durch die Stadt bummeln, ohne mir Sorgen machen zu müssen, den Schulbus zu verpassen.

Justine ist leitende Angestellte beim Rundfunk und gönnt sich eine dreimonatige Auszeit:

Ich habe mir ein Häuschen in Santa Fe gemietet. Dort werde ich nur Dinge tun, die mir Spaß machen. Ich werde schreiben und in dem Wellnesscenter nebenan, in dem es Rabatt für Senioren gibt, etwas für meinen Körper tun. Ich habe keine Ahnung, in welcher Verfassung ich zurückkommen werde.

Weiß jemand, wie es in meinem Innersten aussieht?

Carole begann sich schon mit 14 Jahren für Spiritualität zu interessieren und dachte daran, Hexe zu werden:

Ich sehnte mich nach einer Macht, aber mein ganzes Leben lang habe ich verschiedene Glaubensrichtungen in Erwägung gezogen. Nun weiß ich, dass ich nicht allein bin. Es scheint ein eindeutiges Streben nach Spiritualität zu geben, das jetzt epidemische Ausmaße annimmt, da wir Boomer älter werden. Seit kurzem fühle ich mich von einem Druidenritual angezogen, bei dem die Erde als geheiligt angesehen wird. Außerdem gehöre ich einer Freikirche an, in der die Geistlichen im Turnus wechseln. Mein Wunsch nach Vereinigung mit dem „Göttlichen", wenn man es so nennen mag, ist schon seit vielen Jahren die Antriebskraft in meinem Leben. Wirklich überzeugt bin ich, seit ich ein Erdbeben in der Wüste erlebte, und begriff, dass es nichts tatsächlich Festes gibt und jede Art von Stabilität nur eine Illusion ist. Das ließ mich bescheiden werden. Ich glaube, dass viele Menschen in unserem Alter nach spiritueller Bereicherung suchen.

Sedonia leitete zeremonielle Kreise und meint dazu:

Die Midlife-Crisis zwingt die Menschen dazu, zu sich selbst zu finden. Meiner Theorie nach dienen unsere weiblichen Hormone dazu, uns auf andere Menschen zu konzentrieren. Sie ermöglichen es uns, Mütter zu sein und uns selbst an zweite Stelle zu setzen. Wenn sich jedoch ihre treibende Kraft abschwächt, erhalten wir die Gelegenheit, unser Selbst tiefer und freier zu erleben. Ich glaube, es ist ein natürlicher Drang, während der Menopause nachzudenken und in sich zu gehen, aber das steht in Konflikt mit dem Druck der Gesellschaft, präsent und leistungsfähig zu sein.

Diana gelingt es, mit anderen Frauen in einem Heiligen Kreis in sich zu gehen:

Die Teilnahme an dem Kreis hat mich gelehrt, zuzuhören und tiefer in mich zu gehen. Du erklärst dich bereit, in einen heiligen Zeitraum und an einen heiligen Ort zu gehen, und dadurch verändert sich alles. Hier ist Raum, um Dinge zu verlagern. Das Heilige besteht darin, in der Gegenwart und mit ihr verbunden zu sein.

Faye findet ihren meditativen Ort bei ihren täglichen Yogaübungen. „In sich gehen und Seelenarbeit leisten", nennt sie das und fügt hinzu: „Wenn du dein Inneres erhellst, zeigt sich das auch nach außen."

Linda bezeichnet das innere Wissen als „das Mysterium und die Magie" und erreicht es, indem sie sich allein und in Ruhe hinsetzt, ihre Träume deutet und meditiert.

Ich weiß nur, dass das etwas ist, was man nicht im Einkaufszentrum kaufen kann. Wenn ich das Verlangen verspüre, mir etwas zu kaufen, um eine innere Leere zu füllen, dann gehe ich nach Hause und wende mich meinem Inneren zu.

Sukie hat sich ausführlich mit dem Glauben anderer Weltkulturen an ein Leben nach dem Tod beschäftigt. Als sie eine Nierenerkrankung bekam, prüfte sie ihren eigenen Glauben: „Es war gut, zu erfahren, dass ich keine Angst hatte, als ich mit dem Tod rechnen musste. Ich hoffe, dass es noch etwas gibt, und, auch wenn ich mir den Tod im Moment noch nicht wünsche, kann ich damit umgehen."

Bei Menschen wie der Romanautorin Anne Lamott scheint selbst organisierte Religion zeitgemäß. Als wiedergeborene Christin hat sie die Möglichkeit, Gott entweder als „Sie" oder „Er" zu bezeichnen und ihren homosexuellen Freunden bei der Hochzeit ihren Segen zu geben. Lamott sagt, sie wäre früher der Ansicht gewesen, der Glaube an Jesus und Religion „passe nicht zu linksgerichteten Intellektuellen", aber dann schrieb sie sogar einen Bestseller über ihren eigenen persönlichen Glauben, den sie nicht in einem mit Redwoods bestandenen Wald oder einer Schwitzhütte praktiziert, sondern in einer ganz normal aussehenden Kirche.

Freundinnen wissen alles

Vier Angehörige eines Buchklubs, die seit langem miteinander befreundet sind, sitzen in einem Wohnzimmer an der Ostküste zusammen. Eve sagt: „Würde man uns vier vereinigen, dann wären wir perfekt." Wie bei den meisten langjährigen Freundinnen sind auch diese füreinander ihre besten Fürsprecherinnen. Wenn Beth sich darüber beklagt, beruflich keinen Erfolg verzeichnen zu können, zählen die anderen sofort alle Dinge auf, die sie hervorragend meistert. Wenn Anne sich über ihre Haare beklagt, erwidert Sam, dass sie sich die Haare nicht färben müsste, wenn sie Annes Schopf hätte. Wenn Sam sich einmal nicht mehr an den Namen eines ihrer Exfreunde erinnern kann, dann springt Eve ein und scherzt: „Sie hatte Sex und wir erinnern uns für sie daran."

Sie sind zwischen Ende 40 und 60 Jahre alt. Beth, die Älteste, meint dazu: „In meinen Augen ist jeder über 40 in etwa in meinem Alter", und Anne stimmt ihr zu:

> *Wenn man über 40 ist, ist der Altersunterschied nicht mehr so entscheidend. Der Unterschied zwischen den Lebensjahren scheint sich zu verflüchtigen. Das biologische und soziale Alter haben sich vermengt. Heute kann man einen Menschen nicht mehr wie früher nach seinem Geburtsdatum einordnen. Ich kenne Leute, die mit 50 ihr erstes Kind bekommen haben, und andere, die in diesem Alter bereits Großeltern sind.*

In einem anderen Wohnzimmer in New England kommt Jill ein wenig zu spät hereingeschneit, ruft „Hurra!", schnappt sich einen White Russian und wirft sich auf die Couch. Später, als die Gruppe sich über alles von Stimmungsschwankungen bis zu sterbenden Müttern unterhält, sagt Jill: „Diese Dinge waren mein Leben lang tabu und nun sitze ich mit Frauen in einem Raum, die das sagen, was ich mir seit 30 Jahren denke."

In diesem Freundeskreis sind zwei Frauen pensioniert und zwei berufstätig. Die Mutter einer der Frauen ist vor kurzem gestorben und ihr jüngstes Kind ist ausgezogen. Jetzt ist sie zum ersten Mal allein mit ihrem Mann. Eine ist Witwe, eine geschieden und eine lebt seit vielen Jahren mit ihrem Lebensgefährten zusammen. Drei machen Yoga. Zwei spielen Golf.

Nancy war Mitte 50, als sie Witwe und die Matriarchin einer großen Familie wurde. Sie erzählt, dass sie seit ihrer Ausbildung in einer Schwesternschule nie mehr eine so enge Freundschaft mit Frauen hatte:

Wir halten uns gegenseitig in Schwung. Eines Nachts gab es eine Sturmwarnung und einige von uns wollten nicht allein sein. Also packten wir unser Abendessen ein und setzten uns gemeinsam vor den Kamin. Als eine von uns sich das Handgelenk brach und ihre Spielkarten nicht mit der rechten Hand halten konnte, beschlossen wir, alle unsere schwächere Hand zu benützen. In der Gesellschaft meiner Kinder und Enkel fühle ich mich viel älter als bei meinen Freundinnen. Mit meinen Freundinnen fühle ich mich so, als wäre ich ewig 45.

In Rachels kalifornischer Clique haben einige Frauen Enkelkinder, die im gleichen Alter wie Rachels kleiner Junge sind. Rachel versucht immer noch ihre erste Hitzewallung zu erkennen, während einige der anderen die Wechseljahre bereits hinter sich haben:

Es ist wie die Freundschaft mit den älteren Mädchen, die dir von ihrer ersten Periode erzählten. Du fühltest dich wie ein Baby, doch dann bekamst du deine Periode und befandest dich wieder auf einer Stufe mit ihnen. Ich bin 45, und einige meiner Freundinnen sind gerade 60 geworden. Der Gedanke, dass ich auch noch mit ihnen zusammen sein werde, wenn sie 70 werden, begeistert mich.

Bei einem ihrer Treffen unterhalten sie sich über die Bestellung eines Richters am örtlichen Kammergericht und gehen dann zu der Frage über, ob eine von ihnen ihren langjährigen Freund heiraten oder wie bisher mit ihm zusammenleben soll. Währenddessen beschließen in einer Ecke zwei Frauen, sich gegenseitig zu verschönern, und schon bald ist eine Déjà-vu-Pyjama-Party in Gang. Eine von ihnen hat aus ihrer Reisetasche eine Kräutermaske hervorgekramt und nun machen sie ein Gruppenfoto mit grünen Gesichtern. Maureen ist Besitzerin eines Irish Pubs und frisch geschieden. Sie seufzt erleichtert: „Frauen. Ich bin so froh, nur Frauen um mich zu haben."

Alte Freundschaften werden mit jedem Jahr wertvoller. Gemeinsam verzeiht man, erinnert sich an Vergangenes und blickt in die Zukunft. Mary stammt aus Detroit. Sie gehört zwei Pokerklubs und einer Buchgruppe an, deren Mitglieder alte Freundinnen aus ihrer ehemaligen Nachbarschaft sind:

> *Einer meiner Pokerklubs hat ein neues Stadium erreicht. Wir lachten den ganzen Abend über eine der Frauen, die erst das Kaffeepulver verschüttete, dann ihren Salat und noch ein paar andere Sachen umwarf und schließlich auch noch den Geburtstagskuchen fallen ließ. Danach traten wir offiziell in die Phase über, so laut zu lachen, dass wir uns beinahe nass gemacht hätten. Ich wusste, dass dieser Tag einmal kommen würde.*

Jane, Kate und Sydney machen mittlerweile in Savannah einen Strandspaziergang. Die eine stellt auf ihrem Schrittzähler zwei Meilen ein, die andere schaut verträumt auf das Meer hinaus und die Dritte unterhält sich mit einigen Fischern über den Fang. So unterschiedlich sie in ihrer Persönlichkeit sind, so leidenschaftlich sind sie einander zugetan. Sie kennen sich seit den späten 1960er-Jahren, als sie nach dem College ihre ersten Jobs annahmen. Mittlerweile können sie gemeinsam mit sieben Ehen, vier Kindern und einer ungewöhnlichen Anzahl von Hunden mit witzigen Namen aufwarten. Zwei von ihnen sind Demokratinnen, eine ist Republikanerin; zwei sind Managerinnen, eine ist Gewerkschaftsmitglied. Und sie leben alle in verschiedenen Regionen des Landes. Kate sagt, sie und ihre Freundinnen werden wohl eines Tages gemeinsam auf einer Veranda sitzen und darauf warten, zum Abendessen gerufen zu werden:

Wenn ich mit meinen Freundinnen zusammen bin, kann ich mich rundherum entspannen. Wir kennen die ersten Ehemänner der anderen. Wir haben mit den Eltern der anderen zusammengesessen. Wir verstehen die Scherze der anderen. Sie waren da, als meine Tochter geboren wurde, und ich wusste, sie würden dafür sorgen, dass meine Tochter einmal nach Paris reisen können würde, falls mir etwas passiert wäre. Sie haben mich durch eine verrückte Phase meines Lebens gebracht. Manchmal frage ich mich, wie eng wir wohl befreundet wären, wenn wir uns erst heute kennen gelernt hätten, aber dieses Band zwischen uns besteht seit 30 Jahren und wird niemals zerreißen.

Eine Freundin lässt man keine Knee-Highs tragen

Für Sydney ist es Pflicht, dass sich Freundinnen gegenseitig davon abhalten, im mittleren Alter auf eine bestimmte Schiene abzugleiten und sich in der Öffentlichkeit wie ein altbackenes Hausmütterchen zu zeigen. Gemeinsam mit ihren Freundinnen hat sie eine Liste der Sachen aufgestellt, die man Freundinnen nicht tragen lässt. Und auch andere haben ihren Teil dazu beigetragen:

Keine Kniestrümpfe zu einem Kleid. Keine minzegrünen Hosenanzüge aus Polyester oder Sweatshirts mit Ferienmotiven, vor allem keine Applikationen wie kleine Glöckchen, die Geräusche von sich geben.

Maureen rät dazu, rotes, weißes und blaues Make-up zu vermeiden. Damit meint sie „knallroten Lippenstift, zu viel Puder im Gesicht und blaues Haar“. Kein „Wurst-in-der-Pelle-Look“. Auf keinen Fall sollten wir unsere molligen Figuren in die Stretchhosen unserer Töchter zwängen. „Lieber den bequemen Look der alten Hippies

wählen“, empfiehlt Sissy. Keine Klebebilder auf den Fingernägeln.
„Keine Socken zu Leggings“, meint Jane.
„Keine matronenhaften Kostüme“, sagt Maureen. „Wenn wir uns heutzutage so kleiden, wie viele unserer Mütter es in unserem Alter taten, laufen wir herum wie Drag-Queens.“[1]

Großmuttergeschichten

Als Robertas Tochter schwanger wurde, sagten ihre Freundinnen: „Oh, du bist viel zu jung, um Großmutter zu werden!“ Sie ist 51 und empfindet das nicht so:

> *Ich bin ganz und gar nicht zu jung. Als ich geboren wurde, war meine Großmutter fünf Jahre jünger, als ich heute bin. Wahrscheinlich verbinden einige Leute mit dem Begriff „Großeltern“ hohes Alter, aber ich kann es kaum erwarten, bis das Baby zur Welt kommt. Außerdem genießen meine Großmütter großen Respekt in ihrem lateinamerikanischen Kulturkreis. Ich freue mich darauf, noch einmal mit einem kleinen Kind zusammen sein zu können und meinen Einfluss geltend zu machen. Und ich kann meine Tochter auf geistiger und emotionaler Ebene unterstützen.*

Helen Fischer, Autorin von *The First Sex,* erklärt, dass viele Anthropologen einen evulotionären Grund darin sehen würden, dass Frauen in relativ jungen Jahren nicht mehr fruchtbar sind: Es erlaubt ihnen, dabei zu helfen, die Babys und kleinen Kinder anderer Frauen aufzuziehen und ihnen etwas beizubringen. Damit ermöglichen sie es jüngeren Frauen der Gesellschaft, weitere Kinder in die Welt zu setzen.

---

1 Als Drag-Queen werden Männer bezeichnet, die in glamouröser Weise als Frauen auftreten und dabei weibliche tertiäre Geschlechtsmerkmale (Bekleidung, Gesten usw.) in oft übertriebener Weise verwenden. (Anm. d. Red.)

Sara ist fest entschlossen, eine andere Großmutter zu werden als die beiden, mit denen sie selbst aufgewachsen ist.

Meine Großeltern nahmen uns nie in den Arm oder küssten uns. Sie hatten immer Angst, wir könnten etwas kaputtmachen. Wenn wir bei ihnen zu Besuch waren, brachte uns ihr Hausmädchen Kekse. Die Eltern meines Vaters bestanden darauf, von uns „Mary" und „Paul" genannt zu werden, also sprachen wir sie nie direkt an. Als mein Großvater 82 war, schrieb ich ihm einen Brief. Es kam mir komisch vor, „Lieber Paul" zu schreiben, also adressierte ich den Brief an „Lieber Opa". Er schrieb zurück, dass er sich noch nicht alt genug fühlte, um so angesprochen zu werden.

Als meine Stieftochter ein Baby bekam, fühlte ich mich noch nicht reif dafür, aber ich wollte selbstverständlich „Oma" genannt werden. Allerdings verändert sich damit dein Status. Ich hatte zwar nicht vor, selbst noch einmal Mutter zu werden, aber wenn dich die anderen plötzlich „Großmutter" nennen, schlägt eine Tür hinter dir zu.

Donna hatte zunächst einige Bedenken:

Eine Weile hatte ich Bedenken, bald „Großmutter" genannt zu werden, doch meine Tochter hatte größere Schwierigkeiten mit ihrer Rolle als werdende Mutter. Sie hatte bestimmte Bedürfnisse und ich versuchte, sie in eine andere Richtung zu lenken. Ich organisierte ein Familientreffen und erklärte, dass ich nicht bereit wäre, ihr die Verantwortung abzunehmen, wenn sie nicht mit ihrem Baby zurechtkommen würde. Noch einmal Mutter zu spielen kam für mich nicht infrage. Mittlerweile ist sie jedoch verheiratet und bekommt im Schoß einer großen lateinamerikanischen Familie großartige Unterstützung. Sie lebt bei ihren Schwiegereltern und zwei Tanten und es funktioniert hervorragend.

Maria ist Bauchtänzerin und Kopfstandexpertin. Sie beobachtet, wie sich Großmütter in zwei Generationen im Verhalten und Aussehen verändert haben:

Meine Großmutter sah ganz typisch aus. Sie trug ihr graues Haar zu einem Dutt gebunden, Schnürschuhe, kein Make-up. Ich glaube, damals gab es noch keine Feuchtigkeitscremes. In ihren Augen war es extrem gefährlich für Kinder, Schlittschuh zu laufen, Rad zu fahren oder allein zum Einkaufen zu gehen. Ich bin nicht so überängstlich wie sie und ich entspreche auch nicht dem typischen Bild einer Großmutter, obwohl ich mittlerweile älter bin, als sie es damals war. Windeln wechseln macht mir Spaß und ich küsse dabei gern die perfekten Füßchen und den runden Bauch.

Carrie verkleidet sich gern mit ihren Enkelkindern:

Ich besitze eine große Schachtel mit Modeschmuck, den ich über die Jahre hinweg gesammelt habe. Die Kinder sind begeistert, wenn ich sie mit Klunkern behängt durch das Haus toben lasse. Eine meiner Enkelinnen beklagte sich bei mir, dass ihre Mutter ihr nicht erlauben würde, ihre Partyschuhe draußen im Schmutz anzuziehen, also kaufte ich ihr ein Paar, das sie überall tragen kann, wo sie möchte. Weder ich noch meine Kinder hatten Großeltern, die uns das Gefühl gaben, etwas Besonderes zu sein. Ich bedauerte immer, dass meine Kinder um dieses Erlebnis betrogen wurden. Jetzt wünsche ich mir mehr als alles andere auf der Welt, dass meine Enkel sich später an eine lustige Oma erinnern, von der sie bedingungslos geliebt wurden.

Ein Enkelkind zu haben gibt Robin mehr Hoffnung für diese Welt:

Als wir noch jünger waren, machten wir uns große Sorgen um einen Atomkrieg und all das. Enkelkinder zu haben gibt mir das Gefühl, eine Überlebende zu sein, jemand, der es geschafft hat. Manchmal schlafe ich neben ihnen ein. Im Haus ist es still und ich spüre Frieden und Weite. Und ich kann mir die Zukunft vorstellen.

Babyboomer werden als Großeltern einen großen Bevölkerungsanteil darstellen. In einer Volkszählung wird sogar von einem „Boom der Urgroßeltern im Jahr 2050“ gesprochen, der von den Nachfolgern der Babyboomer ausgelöst werden wird.

Sara hofft, dass ihre Generation der Großmütter aufgrund der Zeiten, die sie erlebt hat, einen entscheidenden Einfluss ausüben wird:

Ich erinnere mich noch an die Geschichten meiner Großmutter. Sie war verbittert, weil mein Großvater sie zwang, ihren Beruf aufzugeben, als sie heirateten. Es beeinflusst ein kleines Kind, wenn es ständig eine Litanei von schlechten Dingen hört. Es wäre schön, wenn wir unseren Enkeln nicht ein Bild von enttäuschten Frauen als Vermächtnis hinterlassen würden.

8

Vorwärts schauen

Dein Körper altert, aber nicht du. Dein wirkliches Ich ist deine Seele.

Rebecca

Mit 50 war ich noch eine begeisterte Reiterin und hisste Spinnaker auf Jollen. Auch Romanzen kamen bei mir nicht zu kurz. Menschenskind, die Fünfziger und Sechziger waren meine besten Jahre!

Susanne

Ich kann mir keinen Tag vorstellen, an dem ich mich nicht von ganzem Herzen für etwas begeistern kann. Wahrscheinlich werde ich auch noch Physik studieren.

Helen

Kraftvoll weitermachen

Rebecca Latimer schreibt in ihrem Buch *You're Not Old Until You're 90* über das Älterwerden. Auf einer Buchmesse blieb eine Frau vor ihr stehen und heftete ihren Blick auf den Titel:

Sie erzählte mir, dass sie gerade 50 geworden wäre und ihr Mann ihr gesagt habe, das wäre es dann wohl gewesen. Sie sollte keinen Lippenstift mehr tragen und sich nicht mehr anziehen wie eine junge Frau. Ich sah sie an und sagte: „Verlassen Sie ihn."

Rebecca wurde 1905 geboren und ist vier Jahrzehnte älter als diese Frau, aber sie legt vehement Einspruch ein, wenn jemand behauptet, ab einem bestimmten Alter sei alles gelaufen. Mit 94 erklärt sie: „Das ist der beste Abschnitt meines Lebens." Mit 69 verlor sie ihren Ehemann, erkrankte dann an Makuladegeneration und musste sich einen Herzschrittmacher einsetzen lassen. Jetzt arbeitet sie an einer neuen Autobiografie und benützt wegen ihrer Sehschwäche an ihrem PC eine 35 Punkt große Schrift.

Mein Vater erlaubte mir nicht, ein College zu besuchen, weil er der Meinung war, gebildete Frauen gäben keine guten Ehefrauen ab. Mit 60 beschloss ich mich selbst weiterzubilden, weil es so viele Dinge gab, über die ich noch nicht Bescheid wusste. Ich hatte keinen Guru, aber ich fand viele Ratgeber. Von Gurdjieff lernte ich, jeden Tag eine schwierige Sache in Angriff zu nehmen. Ich meditiere und ich bin davon überzeugt, dass das der Schlüssel dazu ist, in einem solchen Alter in noch so guter Verfassung zu sein. Ich verstehe die Leute nicht, die behaupten, sie hätten keine 15 Minuten am Tag Zeit, um Ruhe zu finden. Schauen Sie mich an. Es funktioniert. Dein Körper altert, aber nicht du. Dein wirkliches Ich ist deine Seele.
Die beste Möglichkeit, Altersdiskriminierung zu begegnen, ist die Weigerung, an diesem Spiel teilzuhaben. Lasst euch nichts

gefallen! Als mein Mann und ich in unseren Siebzigern waren, besuchten wir meinen Sohn. Einige seiner Freunde waren da und ich bemerkte, dass ein paar von ihnen nicht damit rechneten, dass wir an der Unterhaltung teilnehmen würden. Mein Mann lehnte sich zurück und hörte höflich zu, aber das wollte ich nicht. Ich mischte mich ein und sagte: „In diesem Punkt bin ich nicht Ihrer Meinung." Ich kann es nicht hinnehmen, wenn man mich an einer Unterhaltung nicht teilhaben lässt.

Robertas chilenische Freundin Maria ist 92:

Sie verließ Chile erst im Alter von 55, als ihre Eltern starben. Mit 56 arbeitete sie in New Mexico für VISTA und mit 62 trat sie für über zwölf Jahre eine Stelle bei Cesar Chavez an. Sie ist so klug und immer noch auf der Höhe der Zeit. Sie meint, ich habe noch weitere 40 Jahre vor mir. Eine weitere Lebenshälfte. Sie sagt, dass sie heute eine ganz andere Person ist als in jungen Jahren: „Jetzt bin ich ich selbst."

Nikki hat japanisch-amerikanische Vorfahren in dritter Generation, wuchs in einem Vorort auf, in dem vorwiegend wohlhabende Weiße lebten, und arbeitete bei verschiedenen Wirtschaftsunternehmen. Ihre Mutter wurde mit ihren Eltern während des Zweiten Weltkriegs in ein Konzentrationslager in Colorado gebracht, besuchte erst in ihren Vierzigern ein College und begann in ihren Fünfzigern, Bücher zu schreiben. Nikki sagt:

Die kulturellen Werte, die mir meine Eltern japanischer Herkunft beibrachten, haben mir die mittleren Jahre erleichtert – durch meinen Sinn für Familienzugehörigkeit und Beziehungen, meinen Sinn für Engagement, harte Arbeit und Verantwortung und meinen Sinn für ästhetische Schönheit. Mein eigenes Älterwerden hat mir dabei geholfen, anzuerkennen, wie viel Glück ich hatte, und mir die Weisheit gegeben, entsprechende Verantwortung zu übernehmen. Mein Mann ist ebenfalls japanisch-ameri-

kanischer Abstammung. Wir kaufen jetzt gemeinsam mit meinen Eltern ein Haus, um dort zusammenleben zu können und die Möglichkeit zu haben, uns um sie zu kümmern, wenn sie alt werden. Das bedeutet Veränderungen in unserem Berufsleben und einen Wohnortwechsel, aber für mich war Leben immer gleichbedeutend mit Veränderung. Ich glaube, ich habe Veränderungen nicht nur überstanden, sondern sie sogar gebraucht.

Nikkis Mutter glaubt, dass farbige Frauen nicht viel Zeit für Sorgen in den mittleren Jahren haben:

Midlife-Crisis bedeutet für mich, sich selbst in Relation zum Rest der Welt zu sehen und dann Sehnsüchte zu entwickeln. Aber für eine Minderheit gibt es immer etwas, das man haben will. Ich denke nicht daran, wie ich im Verhältnis zu anderen dastehe, sondern an das, was ich noch zu erledigen habe.

Carol fühlt sich von ihrer älteren Nachbarin inspiriert:

Mary Lou ist 82, Schriftstellerin, Geistliche und politisch aktiv. Sie schneidert sich ihre eigenen Kleider, verdient ihr eigenes Geld, hat ihre eigene Meinung, spricht kontroverse Themen an und macht sich für Menschenrechte und Umweltschutz stark. Sie ist eine fantastische Schreibkünstlerin, offen für alternative Behandlungsmethoden, macht körperliche Übungen und entwickelt sich unaufhörlich weiter. Sie gibt niemals auf, egal wie schlecht sie sich gerade fühlt.

Für Alice gibt es drei Vorbilder im reiferen Alter:

Georgia O'Keefe verkündete, dass sie ihr Leben am Ende der Welt verbringen würde, und das hat sie tatsächlich getan. Meine Freundin und Umweltschützerin Helen, die in Sachen Abholzung von Wäldern nicht mit sich spaßen lässt. Und die Frau meines Lieblingsonkels, Tante Ida, die das schwarze Schaf der Familie war. Als Krankenschwester in Arizona widmete sie ihr Leben der Impfung von Kindern. Sie war sehr selbstsicher und gelassen.

Und was geschieht dann?

Eine Gruppe von Freundinnen trifft sich in einem Altenzentrum. Die jüngste ist 70 und die älteste 83 und alle fühlen sich nicht alt. Nein danke, wenn man die Wahl zwischen dem mittleren und dem hohen Alter hat, entscheiden sich diese Frauen für das mittlere. Susanne, 75, erklärt, warum die alternative Kategorie nicht ansprechend ist:

Das hohe Alter hat für mich nichts mit den Jahren zu tun. Es geht um einen Zustand oder eine Verfassung, in der man sich nicht mehr weiterentwickelt, keine Leidenschaft mehr empfindet. Ein Leben ohne Herzklopfen. Sich einen Partner zu suchen, ein Paar zu werden, sich zu lieben, füreinander da zu sein und sich zu helfen ist für mich ebenso real und ebenso wenig verboten wie zu atmen und zu essen. Und wenn du immer noch den Wunsch und die Fähigkeit besitzt, mit jemandem intim zu werden oder dich auf irgendeine Weise eng zu befreunden, dann bist du nicht alt. Diese notwendige Intimität schließt eine Menge möglicher Partner ein – Kollegen, Kinder, Liebhaber, Freunde. Wenn dir das egal ist oder du das nicht mehr vermisst, bist du so gut wie tot.

Auf die Frage nach der Angst vor den Fünfzigern, reagiert Susanne ausgelassen:

Mit 50 war ich noch eine begeisterte Reiterin und hisste Spinnaker auf Jollen. Auch Romanzen kamen bei mir nicht zu kurz. Menschenskind, die Fünfziger und Sechziger waren meine besten Jahre! In meinen Fünfzigern erlebte ich Leidenschaft und in meinen Sechzigern besaß ich eine Pferdefarm. Mein Körper funktionierte großartig, bei den lustigen Spielchen zwischen Männern und Frauen konnte ich noch sehr gut mithalten – mein Leben war voller Schwung. Mit 75 klappen einige Dinge nicht mehr, und für einen Mann bin ich nicht mehr anpassungsfähig genug. Die Freuden meines Alters sind Zufriedenheit, Behaglichkeit und geistige Anregung. Ich habe jetzt auch das Gefühl, dass ich mich nicht mehr verbiegen kann, um jemandem zu gefallen. An meinem Kern lässt sich nichts mehr ändern.

Diese Gruppe von Freundinnen lebte an verschiedenen Orten in Amerika, einige sogar im Ausland. Das berufliche Spektrum reicht von einer Assistentin im Weißen Haus bis zu einer Mathematikprofessorin. Jetzt leben sie alle in relativ komfortablen Verhältnissen, doch das betrachten sie nicht als ihr Recht, sondern eher als Belohnung. Sie haben einige Kämpfe hinter sich bringen müssen. Ihre Erinnerungen an die 1960er-Jahre sind nicht so fröhlich und ungetrübt wie die ihrer Kinder aus der Boomergeneration. Dottie wurde in den 1960er-Jahren Witwe. Karen wurde geschieden und durfte als allein stehende Mutter ihr adoptiertes Kind nicht mehr behalten. Susanne musste sich die Gebärmutter entfernen lassen, verlor ihre Mutter und wurde geschieden. „Das war ein Schlag ins Kontor“, sagt sie.

Sie sind sich einig, dass sie in ihren jungen Jahren 70-Jährige als alt angesehen haben. „Das kommt daher, dass meine Eltern mit 70 alt waren“, erklärt Gwen, die ein Buch über ihre Karriere in Washington und über die Pflege ihres kranken Ehemanns schreibt:

Von all den Jahren gefielen mir die Sechziger am Besten. Ich fühlte mich besser als jemals in meinem Leben – stark und gesund. Wir reisten viel. Ich fuhr freihändig mit dem Fahrrad durch die Gegend.

„Meine Großeltern betrachtete ich als alt – im Sinn von hinfällig, griesgrämig, unerbittlich, schwierig im Umgang, negativ“, erzählt Jerry. „Aber meine Mutter war lange Zeit jung und dynamisch.“

Dorothy zog mit 60 von St. Louis nach Santa Fe und ließ ihre Verwandten und Freunde zurück. „Sie konnten es nicht glauben, dass ich tatsächlich wegging. Ich wartete, bis mein Vater gestorben war. In Santa Fe verliebte ich mich und heiratete."

„Mein 70. Geburtstag gefiel mir ganz und gar nicht", fährt Dorothy fort. „Für mich war er eine Grenze, die ich überschritt. Trotzdem möchte ich noch lange genug am Leben bleiben, um in den Weltraum zu fliegen."

Gwen sagt: „Ich habe gelesen, dass man im Jahr 2017 für 100.000 Dollar ins Weltall reisen können wird."

Susanne erwidert: „Das klingt gut, aber wir müssen uns versichern, dass vier von uns Bridge spielen können."

Während ihres Lebens hat sich der Begriff des Älterwerdens und der damit verbundenen Erwartungen verändert. „Ich erinnere mich daran, als die Mutter einer meiner Freundinnen mit 44 starb", berichtet Susanne. „Jemand sagte: ‚Na ja, zumindest hatte sie ein langes Leben.'"

Dottie glaubt: „Du bist nicht alt, solange du noch flirten kannst." Sie war dreimal verheiratet und hat jetzt einen Freund. „Wahrscheinlich halten mich meine Kinder immer noch für etwa 40, weil ich Golf spiele und Ski fahre. Daher glaube ich auch immer noch, in meinen Vierzigern zu sein."

Susanne war Sozialarbeiterin, leitete ein Dentallabor und unterrichtete Französisch in einer Privatschule.

Meine Hauptbeschäftigung bestand jedoch eigentlich darin, einen Mann glücklich zu machen. Wenn ich alles noch einmal machen könnte, würde ich mein Leben weniger strukturiert führen. Ein charmanter junger Psychiater aus Phoenix wollte mit mir nach Venedig reisen, aber ich lehnte ab. Ich heiratete beinahe jeden Mann, mit dem ich im Bett gelandet war. Ich befürworte nicht unbedingt sexuelle Freizügigkeit, aber ich beobachte Frauen im Alter meiner Tochter und sehe, dass es möglich ist, auch außerhalb der Ehe eine warmherzige Beziehung zu haben.

Die Frauen stellen fest, dass es wichtiger ist, gesund zu bleiben, als den Kalender zu ignorieren, wenn man sein Leben genießen möchte. Susanne meint dazu:

Wahrscheinlich werde ich mich alt fühlen, wenn ich die Dinge nicht mehr tun kann, die ich tun will. Im Augenblick bin ich zwar gesund, aber ich habe mir eine Verletzung zugezogen und kann deshalb nicht Wasserski fahren. Ich habe begonnen, in diesem Programm mitzuarbeiten, bei dem Kindern geholfen wird, die unter Vormundschaft stehen. Ich hatte das Gefühl, eine neue Dimension in meinem Leben zu brauchen.

Karen sagt:

An dem Tag, an dem ich zum Doktor der Philosophie promoviert wurde, wurde ich auch geschieden. Mein Mann und ich waren 17 Jahre zusammen gewesen, hatten eine Tochter adoptiert und, kurz bevor er uns verließ, noch ein Baby zu uns genommen. Die Adoptionsvermittlung nahm mir das einjährige Baby weg, weil es gegen die Regeln verstieß, ein Adoptivkind allein aufzuziehen. Ich war 37, als er mich verließ, und ich beschloss, einfach so weiterzuleben, als wäre ich noch verheiratet. Ich kaufte ein Haus mit einem Pool und verreiste mit meiner Tochter. Ich lehrte Infinitesimalrechnung und 99 Prozent meiner Studenten waren männlich. Mit 50 habe ich wieder geheiratet.

Sie reagieren alle sehr empfindlich, wenn sie ihres Alters wegen anders behandelt werden. Dottie war überrascht, als ihr ein junger Mann in der U-Bahn seinen Sitzplatz anbot. Susanne musste nach einer Knieverletzung im Rollstuhl sitzen, um sich im Flughafen fortbewegen zu können. „Ich hasste diese mitleidigen Blicke."

Karen erzählt, dass sie im Supermarkt ignoriert wurde, während Jüngere vor ihr bedient wurden. „Ich musste eine Ewigkeit warten, bis ich meinen Fisch kaufen konnte." Die anderen meinten dazu: „Beim nächsten Mal solltest du den Mund aufmachen! Sei nicht schüchtern. Mach die anderen auf dich aufmerksam."

Gute Vorsätze für die lange Strecke

Faye fasst anstatt zu Silvester gute Vorsätze an ihren Geburtstagen:

An jedem Geburtstag versuche ich meinem Leben einen neuen Sinn zu geben. Ich bemühe mich, das einzugrenzen, woran ich im kommenden Jahr arbeiten möchte. Einmal arbeitete ich daran, öfter Nein zu sagen. Oder ich nehme mir vor, mir ein neues Betätigungsfeld für die Zeit zu suchen, wenn ich nicht mehr fliege.

Wir folgen Fayes Beispiel und erstellen eine Liste von guten Vorsätzen für Geburtstage und alle Meilensteinmomente – und das sollten sie ab 50 alle für uns sein:

Verwöhne dich. Kauf dir teure ägyptische Bettwäsche aus Baumwolle und neue Wanderschuhe.

Bleib neugierig.

Gib deinen Begierden nach.

Fahr auf Nebenstraßen nach Hause.

Kauf dir grüne Socken mit Fröschen drauf.

Gib dein Wissen weiter. Robins liebster buddhistischer Gedanke lautet: „Denke gründlich über die Auswirkungen von Groll und Vergebung nach; dann entscheide dich.“ Neva bevorzugt diesen Leitsatz: „Erfolg wird durch die Anzahl fröhlicher Gedanken an jedem deiner Tage definiert.“

Kaufe und benütze verschwenderisch die Seife für fünf Dollar, die bewirkt, dass du nach dir selbst riechst. Die Gäste können die Marke Ivory haben.

Schneide eine gekühlte Nashi in dünne Scheiben und lege sie auf einen antiken Teller. Iss sie ganz langsam.

Setz dich ans Fenster, schau dir den Mond an und löffle dabei Nutella aus dem Glas.

Vermeide Neid und Verbitterung. Sie frieren auf deinem Gesicht fest.

Trag deinen seidenen Schlafanzug bei der Gartenarbeit.

Lackiere deine Fußnägel. Gretchen malte ihre gelb an und strich dann mit den Füßen über den Brustkorb ihres Mannes. „Ich liebe es, ihn immer wieder zu überraschen“, erklärt sie.

Erblühe wie die Herbstzeitlose. Wenn der Sommer vorüber ist, werden die grünen Blätter schlaff, aber dann reckt sich plötzlich eine einzige wunderschöne rosafarbene Blüte empor und winkt der Welt zu.

Geh mit langen Schritten und gestrafften Schultern.

Wirf sämtliche Unterwäsche weg, die auch nur einen kleinen Riss aufweist, zu eng sitzt oder beim Waschen einen seltsamen Blauton angenommen hat.

Such dir Freunde aller Altersklassen. Sydney besitzt ein Foto von sich mit zwei ihrer ältesten Freundinnen und ein weiteres, das sie mit ihren zwei jüngsten Freundinnen zeigt.

Sei großzügig zu dir selbst. Mary schlägt eine Gesichtsbehandlung oder eine Massage vor. „Ich gehe irgendwohin, wo man mich den ganzen Tag freundlich behandelt."

Hör nicht auf zu lernen. „Ich kann mir keinen Tag vorstellen, an dem ich mich nicht von ganzem Herzen für etwas begeistern kann", sagt Helen. „Wahrscheinlich werde ich auch noch Physik studieren. Alles ist gut, womit man sich eine Tür offen hält."

Glaub niemandem, der dir sagt, du seiest zu alt für dunklen Lippenstift, Eyeliner und deine schwarze Lieblingshose mit den Metallsternchen an der Hüfte.

Feier jedes grundlegend unterschiedliche Jahrzehnt. Penelope war bei einer Freundin zur Feier ihres 60. Geburtstags eingeladen. Die Freundin hatte zu diesem Anlass Fotos mit Motiven von allen bedeutenden Ereignissen in ihren Fünfzigern aufgehängt – einer Preisverleihung, eines Marathons, einer Reise nach Russland und Nicaragua.

Such dir ein Anliegen und tritt dafür ein. Aktivistinnen werden gehört und leben länger.

Schau dir andere reifere Frauen an, wie zum Bespiel Billie Holiday oder Cesaria Evora.

Mach Gymnastik. Trink viel Wasser.

Lass dich nicht ignorieren. Mach etwas Unerhörtes, Mutiges – etwas, das gar nicht zu dir passt. Wenn dein Badeanzug nicht mehr passt, geh nackt baden.

Die Uhr tickt. Um einen alten Spruch aufzugreifen: Heute ist der erste Tag vom Rest deines Lebens.

Literaturverzeichnis

Adams, Alice: Second Chances. Washington Square Press, New York 1999

Angier, Natalie: Frau. Eine intime Geographie des weiblichen Körpers. Goldmann, München 2002

Associated Press: Study Finds Middle Age Enjoyable. February 16, 1999

Barry, Kathleen/Anthony, Susan B.: A Biography of a Singular Feminist. New York University Press, New York 1988

Bureau of Census, U. S. Department of Commerce: We, the American Women. September 1993

Cahill, Sedonia: The Ceremonial Circle. HarperSanFrancisco, San Francisco 1992

Chapman, Robert: New Dictionary of American Slang. Harper and Row, New York 1986

Chicago Tribune: Women Seek More Say on Hormones. November 1999

Clegg, Eileen/Swartz, Susan: Goodbye Good Girl. New Harbiger, Oakland/Calif. 1998

Dycthwald, Ken: Age Power: How the 21st Century Will be ruled by the New Old. St. Martin's Press, New York 1999

Dycthwald, Ken: Age Wave. The Challenges and Opportunities of an Aging America. St. Martin's Press, New York 1989

Ellman, Mary: Thinking about Women. Harcourt Brace Jovanovich, New York 1968

Fisher, Helen: The First Sex. Random House, New York 1999

Friedan, Betty: Life So Far. Simon and Schuster, New York 2000

Friedan, Betty: Mythos Alter. Rowohlt, Reinbek 2002

Gaitskill, Mary: Alice Adams (Obituary). Salon.com, June 9, 1999

Gordon, Mary: Spending: A Utopian Divertimento. Scribner, New York 1999

Gray, Francine Du Plessix: The Third Age. New Yorker, February 26, 1996
Gray, John: Learning the New Intimitacy, an essay in: Are You Old Enough to Read This Book? Reflections on Midlife. Readers Digest/ New Choices Books, Pleasantville, New York 1997
Health Magazine: Vital Statistics. January/February 22, 2000
Japenga, Ann: Strong Women, an interview with fitness author Jan Todd. Health Magazine, November/December, 136. 1999
Kalb, Claudia: Our Quest to be Perfect, a report on cosmetic surgery. Newsweek, August 9, 1999
Kelch, Deborah Reidy: Women Aging Well. California Center of Health Improvement Report, October 1998
Latimer, Rebecca: You're Not Old Until You're Ninety: Best to Be Prepared, However. Blue Dolphin, Crass Valley/Calif. 1997
LaBelle, Patti: Don't Block the Blessings: Revelations of a Lifetime. Putnam, New York 1996
Latteier, Carolyn: Breasts, the Women's Perspective on an American Obsession. Harrington Park Press, Binghamton, New York 1998
Love, Susan: Das Hormonbuch. Was Frauen in den Wechseljahren wissen sollten. Fischer, Frankfurt am Main 1999
McCabe, Charles: Women Over 40. San Francisco Chronicle, October 3, 1980
McPhelimy, Lynn: In the Checklist of Life. AAIP Publishing, Rockfall, Conn. 1997
Mulligan, Kate: Heilbrunian Adventures, interview with Carolyn Heilbrun. AARP Bulletin, Washington, D. C. 1996
Nelson, Miriam: Starke Frauen bleiben jung. Umschau Buchverlag, Neustadt/Weinstraße 1998
Northrup, Christiane: Frauenkörper – Frauenweisheit. Wie Frauen ihre ursprüngliche Fähigkeit zur Selbstheilung wiederentdecken können. Zabert Sandmann, München 2000
Ojeda, Linda: Wechseljahre – der andere Weg. Piper, München 1996
Ojeda, Linda: Menopause Without Medicine. Hunter House, New York 2000

Popcorn, Faith: „Clicking" – Der neue Popcorn-Report. Die neuesten Trends für unsere Zukunft. Heyne, München 1999
Reuters New Service: Report on Percentage of Single Households in Various Countries. Oktober 7, 1999
Sheehy, Gail: Die neuen Lebensphasen. Wie man aus jedem Alter das Beste machen kann. Droemer Knaur, München 1998
Snyderman, Nancy: Dr. Nancy Snyderman's Guide to Good Health for Women over Forty. Harcourt Brace, New York 1996
Wolf, Naomi: Der Mythos Schönheit. Rowohlt, Reinbek 2000
Women's Health Advocate: Body as Battlefield, an Interview with Carol Munter, December 1997